HISTOIRE SOMMAIRE

DE LA FRANCE

DEPUIS 1610 JUSQU'EN 1871

COURS COMPLET D'HISTOIRE

A L'USAGE DE L'ENSEIGNEMENT SECONDAIRE

rédigé conformément aux programmes officiels de 1902

PAR

Désiré BLANCHET et Jules TOUTAIN

CLASSES ÉLÉMENTAIRES

Huitième. — **Histoire sommaire de la France jusqu'à 1610.** 1 vol. in-12, relié en toile souple. 1 fr. 25

Septième. — **Histoire sommaire de la France depuis 1610 jusqu'en 1871.** 1 vol. in-12, relié en toile souple. 1 fr. 25

PREMIER CYCLE

Sixième. — **Histoire de l'antiquité.** 1 vol. in-12, relié en toile souple. 3 fr. 25

Cinquième. — **Histoire du moyen âge.** 1 vol. in-12, relié en toile souple. 3 fr. 50

Quatrième. — **Histoire moderne.** 1 vol. in-12, relié en toile souple. 3 fr. 50

Troisième. — **Histoire contemporaine, de 1789 à 1889.** 1 vol. in-12, relié en toile souple. 3 fr. 25

SECOND CYCLE

Seconde. — **Histoire de l'Orient et de la Grèce.** 1 vol. in-12, relié en toile souple. 3 fr. 50

— **Histoire moderne, du Xe siècle à 1715.** 1 vol. in-12, relié en toile souple. 3 fr. 75

Première. — **Histoire romaine et du moyen âge, jusqu'au Xe siècle.** 1 vol. in-12, relié en toile souple. 3 fr. 50

— **Histoire moderne, de 1715 à 1815.** 1 vol. in-12, relié en toile souple. 3 fr. 50

Philosophie et Mathématiques. — **Histoire contemporaine, de 1815 à nos jours.** 1 vol. in-12, relié en toile souple. 3 fr. 75

COURS COMPLET D'HISTOIRE
A L'USAGE DE L'ENSEIGNEMENT SECONDAIRE
rédigé conformément aux programmes officiels de 1902.

HISTOIRE SOMMAIRE

DE LA FRANCE

DEPUIS 1610 JUSQU'EN 1871

LEÇONS. — RÉCITS. — LECTURES

EXERCICES ORAUX ET ÉCRITS

PAR

M. Désiré BLANCHET

ANCIEN PROFESSEUR AGRÉGÉ D'HISTOIRE ET DE GÉOGRAPHIE AU LYCÉE CHARLEMAGNE
AU LYCÉE FÉNELON ET A L'ASSOCIATION DE LA SORBONNE
PROVISEUR HONORAIRE DU LYCÉE CONDORCET

CLASSE DE SEPTIÈME

TRENTE-HUITIÈME ÉDITION

PARIS

LIBRAIRIE CLASSIQUE EUGÈNE BELIN

BELIN FRÈRES

8, RUE FÉROU, 8

A l'angle de la rue de Vaugirard, 50

1914

SAINT CLOUD. — IMPRIMERIE BELIN FRÈRES.

AVERTISSEMENT

Cette nouvelle édition a été entièrement remaniée conformément aux programmes officiels de 1902.

L'auteur s'est efforcé de rendre plus accessible encore à l'intelligence des jeunes enfants cette première étude de notre histoire nationale.

En tête de chaque exercice, une *gravure* représente la scène historique la plus importante ; l'enseignement par l'image étant le plus simple et le plus vivant.

Chaque exercice comprend :

1° Une *leçon*, très courte, facile à apprendre et à réciter ;

2° Des *récits*, exposés rapides, anecdotes que l'élève peut répéter de vive voix ;

3° Des *lectures*, qui peuvent servir de matière aux premiers essais de rédaction ;

4° Un *questionnaire*, qui facilite l'interrogation des élèves ; chaque questionnaire correspond à une partie précise du récit.

Enfin, nous n'avons pas oublié que tout doit être expliqué aux enfants, et que, pour eux, les mots, même d'usage courant, n'ont pas toujours une signification claire. Nous avons ajouté, chaque fois que c'était nécessaire, une explication des mots ou des noms géographiques.

Le principal mérite d'un livre destiné à des enfants est que ce livre soit toujours à leur portée. Nous serions heureux si cette petite histoire nationale était digne de cet éloge.

Désiré BLANCHET.

[illegible]

[illegible]
[illegible]
[illegible]

[illegible]
[illegible]

Richelieu à la Rochelle.

CHAPITRE PREMIER

LA MONARCHIE FRANÇAISE

I

LE CARDINAL DE RICHELIEU

LEÇON

1. Louis XIII, successeur de Henri IV, régna d'abord sous la tutelle de sa mère, Marie de Médicis.

2. Ce fut une époque de troubles. Les ministres Concini et de Luynes furent impuissants contre les révoltes des protestants et des grands.

3. Richelieu, ministre de Louis XIII, releva l'autorité royale. Il réduisit les protestants par la prise de la Rochelle et il soumit la noblesse par son inflexible sévérité.

RÉCIT

1. Louis XIII et Marie de Médicis. — Louis XIII n'avait que dix ans à la mort de son père. Il régna sous la tutelle de sa mère, Marie de Médicis.

Cette reine, Italienne d'origine, ne comprit pas les intérêts français. La direction des affaires fut confiée à des favoris incapables, l'Italien Concini, puis à un jeune gentilhomme, Albert de Luynes.

Ce fut une époque de troubles.

2. Révoltes intérieures. — Les états généraux furent convoqués en 1614 ; ils essayèrent en vain de mettre l'ordre dans le royaume. Les seigneurs se révoltèrent ; les protestants prirent de nouveau les armes ; la France était abaissée en Europe.

L'œuvre de Henri IV était compromise.

Richelieu.

3. Le cardinal de Richelieu. — En 1624 Louis XIII appela au ministère le cardinal de Richelieu.

Celui-ci, âgé de trente-huit ans, était alors dans toute la force de son génie. Il avait l'âme grande, le caractère inflexible. Il ne pouvait tolérer aucune désobéissance ni aucune révolte.

Tous, grands et petits, durent courber la tête devant l'autorité royale.

4. Richelieu et les protestants. — Richelieu se tourna d'abord contre les protestants qui, non contents de la liberté religieuse, voulaient être indépendants du pouvoir royal.

5. Prise de la Rochelle. — La Rochelle était la place forte des protestants. Richelieu en fit le siège. Il ferma le port par une digue et il cerna la ville avec une nombreuse armée. Les habitants de la Rochelle, privés de tout secours, en proie à la famine, furent obligés de se rendre.

6. La paix d'Alais (1629). — Les protestants, vaincus, demandèrent la paix. Richelieu, par l'édit d'Alais, assura leur liberté religieuse, mais il détruisit tous leurs privilèges politiques.

7. Richelieu et les grands. — Les grands étaient toujours en révolte contre l'autorité royale. Richelieu les réduisit à l'obéissance avec une impitoyable rigueur. « Je fauche tout, » disait-il; et il frappa surtout les plus hautes têtes.

8. Premières exécutions. — Le comte de Chalais avait comploté de tuer Richelieu; arrêté à Nantes, il fut condamné à mort.

Le comte de Montmorency-Boutteville se battit en duel malgré les édits du roi : il fut exécuté.

9. La Journée des dupes (1630). — Louis XIII soutenait Richelieu contre tous ses ennemis. Un jour cependant il parut faiblir et, sur les instances de Marie de Médicis, il signa l'ordre d'exiler le terrible cardinal.

Aussitôt les courtisans vinrent féliciter la reine et les deux frères Marillac, désignés pour succéder à Richelieu.

Mais Louis XIII se ravisa. Richelieu fut maintenu au pouvoir. Marie de Médicis fut exilée; l'un des deux frères Marillac fut jeté à la Bastille ; l'autre, condamné à mort.

Ce fut la Journée des dupes.

10. Révolte et exécution de Montmo-

rency. — En 1632, Gaston d'Orléans, frère du roi, entraîna dans sa révolte le duc de Montmorency, gouverneur du Languedoc. Celui-ci, fait prisonnier à Castelnaudary, fut condamné à mort.

Ce dernier représentant d'une illustre famille, qui avait donné à la France cinq connétables et six maréchaux, fut décapité, à l'âge de trente-sept ans, dans la cour du capitole de Toulouse, au pied de la statue de Henri IV, son parrain.

11. Exécution de Cinq-Mars et de Thou. — L'année même de la mort de Richelieu, un complot s'était formé contre lui, sous l'inspiration d'un favori de Louis XIII, le marquis de Cinq-Mars. Celui-ci avait confié le secret de ses intrigues à son ami de Thou. Richelieu découvrit la conspiration et fit arrêter les deux amis.

Cinq-Mars implora vainement la clémence du roi et du cardinal. De Thou, qui n'avait commis d'autre crime que d'avoir gardé le secret de son ami, se prépara courageusement à la mort. Il n'avait que vingt-deux ans.

Les deux jeunes gens furent exécutés le même jour sur la place des Terreaux, à Lyon.

12. Mort de Richelieu (1642). — Ce grand ministre se montra ferme devant la mort. Aux derniers moments, le prêtre lui demanda s'il pardonnait à ses ennemis. « Je n'en ai jamais eu d'autres que ceux de l'Etat, » répondit-il.

Louis XIII suivit de près dans la tombe celui qui avait fait la gloire de son règne.

13. Fondations de Richelieu. — Richelieu a fondé l'Académie française ; il a créé le Jardin des Plantes ; il a fait bâtir le Palais-Royal et la chapelle de la Sorbonne.

LECTURE. — **Le siège de la Rochelle.**

Les habitants de la Rochelle avaient pris pour général et pour maire le corsaire Guiton : « J'accepte, avait-il répondu,

à condition qu'il me sera permis de plonger ce poignard
dans le cœur de celui qui parlera de se rendre. »

L'armée royale entoura la place par des lignes fortifiées;
Richelieu ferma le port par une digue. La Rochelle fut blo-
quée et privée de tout secours. La misère fut alors extrême
dans la ville; sur quarante mille habitants, vingt-quatre
mille étaient morts; il ne resta plus que cent trente-six
hommes en état de tenir les armes. Guiton, qui avait compté
sur les secours du roi d'Angleterre, Char'es Ier, se résigna
enfin à capituler. Il vint présenter à Louis XIII les clefs de
la ville.

La prise de la Rochelle fut un grand événement. Un poète
illustre de cette époque, Malherbe, la célébra dans une ode
fameuse :

> Enfin, mon roi les a mis bas,
> Ces murs qui de tant de combats
> Furent les tragiques matières.
> La Rochelle est en poudre et les champs désertés
> N'ont face que de cimetières,
> Où gisent les Titans qui les ont habités.

EXERCICES ORAUX ET ÉCRITS

1. Qui exerça la régence pendant la minorité de Louis XIII ?
— 2. Quels furent les troubles de cette époque ? — 3. Quel
était le caractère de Richelieu ? — 4. Quelle fut la conduite de
Richelieu avec les protestants ? — 5. Racontez le siège de la
Rochelle. — 6. Comment se termina la guerre ? — 7. Comment
Richelieu a-t-il traité les grands? — 8. Quelles furent les premières exécutions ? — 9. Qu'est-ce que la Journée des dupes ?
— 10. Qu'est-ce que Montmorency ? — 11. Quel fut le sort de
Cinq-Mars et de de Thou ? — 12. Comment est mort Richelieu ?
— 13. Quelles sont les fondations de son ministère ?

Gravure. — Soumission de la Rochelle.

Explication des mots. — *Liberté religieuse*, liberté de pratiquer
sa religion. — *Digue*, rempart contre les eaux. — *Capitole*, c'est ainsi
qu'on appelle l'hôtel de ville de Toulouse.

Condé à Rocroy.

II

LA GUERRE DE TRENTE ANS

1. **Richelieu**, héritier de la politique de François Ier et de Henri IV, recommença la guerre contre la maison d'Autriche.

2. Celle-ci, victorieuse des princes allemands, du Danemark et de la Suède, était aussi puissante qu'à l'époque de Charles-Quint.

3. Mais les victoires de Condé à Rocroy et à Lens et les belles campagnes de Turenne forcèrent l'Autriche à signer la paix.

4. Par les traités de Westphalie, la France annexait l'Alsace (1648).

RÉCIT

1. Richelieu et la maison d'Autriche. — Richelieu, tout en luttant contre les nobles et les protestants, avait repris tous les grands projets de Henri IV contre la maison d'Autriche.

2. La guerre de Trente ans (1618-1648). — L'Allemagne était alors divisée en deux partis, les protestants et les catholiques. Une guerre qui devait durer trente ans avait éclaté entre les deux partis. L'Autriche, qui représentait les catholiques, avait été constamment victorieuse. Elle avait vaincu les princes allemands, le roi de Danemark et le roi de Suède. Sa puissance devenait formidable, comme à l'époque de Charles-Quint.

3. Intervention de la France. — Richelieu résolut d'intervenir. Il fit des alliances avec les princes protestants, et il commença la période française de la guerre de Trente ans.

Il n'eut pas le temps de terminer la guerre. Il eut au moins la joie patriotique de voir la conquête de l'Alsace, de l'Artois et du Roussillon.

4. Politique de Mazarin. — Le cardinal de Mazarin, ministre de Louis XIV, continua la politique de Richelieu.

Il fut servi par les deux plus vaillants hommes de guerre de cette époque, Condé et Turenne.

5. Condé à Rocroy. — Louis de Bourbon, duc d'Enghien, fils aîné du prince de Condé, venait d'être mis à la tête de l'armée de Picardie. On attendait de grandes choses de ce général de vingt-deux ans qui avait déjà servi avec une singulière bravoure et « semblait porter la victoire dans les yeux ». A Rocroy, le prince attaqua avec une fougue irrésistible la vieille infanterie espagnole, réputée invincible, l'enfonça et remporta une éclatante victoire.

6. Condé et Turenne. — L'année suivante, Condé alla au secours de Turenne qui venait de perdre Fribourg. Il attaqua le général bavarois, Mercy, sous les murs de la place ; il enleva ses soldats hésitants en jetant son bâton de commandement dans les retranchements ennemis. Mercy s'échappa à la faveur de la nuit.

Condé et Turenne, réunis une seconde fois, attaquèrent les Allemands à Nordlingen ; Mercy fut tué dans cette bataille. Les vainqueurs firent placer sur sa tombe cette inscription : « Arrête, voyageur, tu foules un héros ! »

7. Victoire de Lens. — En 1648, Condé gagna la grande bataille de Lens. Cette victoire hâta la conclusion de la paix et fut le dernier combat de la guerre de Trente ans.

8. Les traités de Westphalie (1648). — Les traités de Westphalie donnèrent à la France l'Alsace. Cette province garda ses lois particulières, ses usages, sa langue. Mais elle devint rapidement française par le cœur.

La guerre de 1870 nous a arraché cette province qui reste toujours attachée à la mère patrie. La France n'oubliera pas l'Alsace.

LECTURE. — Condé.

Le prince de Condé ou, comme on l'appelle généralement, le grand Condé, avait reçu en naissant le génie militaire. A vingt-deux ans, il remportait sur les Espagnols la brillante victoire de Rocroy. Il vainquit tour à tour les plus grands capitaines de son temps, le général bavarois Mercy, à Fribourg; l'archiduc Charles d'Autriche, à Lens; le prince d'Orange, à Senef.

Condé était surtout célèbre par sa fougue, son élan, son inspiration. Brave de sa personne, il prodiguait le sang de ses soldats.

Il se retira dans sa belle demeure de Chantilly, entouré d'une société de lettrés et de poètes, se préparant à la mort entre les mains de Bossuet qui prononça son oraison funèbre.

EXERCICES ORAUX ET ÉCRITS

1. Que fit Richelieu contre la maison d'Autriche ? — 2. Qu'est-ce que la guerre de Trente ans ? — 3. Quels furent les résultats de la politique de Richelieu ? — 4. Qui continua sa politique ? — 5. Quelle est la première victoire de Condé ? — 6. Quelles sont les victoires de Condé et de Turenne ? — 7. Quelle victoire termina la guerre ? — 8. Quels traités furent signés et que donnèrent-ils à la France ?

Gravure. — Le prince de Condé à la bataille de Rocroy.

Explication des mots. — *Alsace*, ancienne province française, capitale Strasbourg. — *Artois*, capitale Arras. — *Picardie*, capitale Amiens. — *Chantilly*, château, résidence des Condés, légué par le duc d'Aumale à l'Institut de France.

Mazarin signe le traité des Pyrénées.

III

LE CARDINAL MAZARIN ET LA FRONDE

LEÇON

1. A la mort de Louis XIII, Louis XIV, âgé de cinq ans, régna sous la régence de sa mère, Anne d'Autriche. Celle-ci prit pour ministre le cardinal Mazarin.

2. Par son habileté, Mazarin triompha de la Fronde, guerre civile soulevée par les magistrats du Parlement et par les grands contre l'autorité royale.

3. Il termina heureusement la guerre d'Espagne par les traités des Pyrénées.

RÉCIT

1. Louis XIV et Anne d'Autriche. — Louis XIV, qui devait régner si longtemps, n'avait pas encore cinq ans à son avènement. Sa mère, Anne d'Autriche, se fit donner la régence par le parlement. Elle accorda toute sa confiance au cardinal Mazarin.

2. Le cardinal Mazarin. — Mazarin était Italien de naissance ; il avait beaucoup d'esprit ; il avait montré, sous Richelieu, une grande habileté dans les négociations. Souple et insinuant, il savait tourner les difficultés. Il fut plusieurs fois vaincu ;

mais on disait que, comme le liège, il revenait toujours sur l'eau.

Richelieu, au pouvoir, avait représenté la force et la puissance ; Mazarin représenta l'habileté et la ruse.

3. Mazarin et la Fronde. — Mazarin eut pour adversaires les nobles, qui convoitaient sa place,

Mazarin.

et les magistrats du parlement de Paris, qui se posaient en représentants de la nation.

La noblesse et la magistrature soulevèrent contre lui et contre la reine les Parisiens, et firent une guerre civile qui a pris le nom d'un jeu d'enfants, la Fronde.

4. La Journée des Barricades. — Pour intimider le parlement, Anne d'Autriche, d'un caractère violent, fit arrêter trois conseillers. L'un d'eux, Broussel, était très populaire dans son quartier. Au moment où les gardes du roi s'emparaient de sa

personne, la servante cria par la fenêtre et ameuta
la foule. Le carrosse qui contenait le prisonnier fut
renversé sur le quai ; on parvint cependant à le conduire à Saint-Germain.

Mais l'émeute devint furieuse ; on tendit des
chaînes dans les rues et on couvrit Paris de barri
cades.

5. Le président Mathieu Molé. — Le président du parlement, Mathieu Molé, aurait voulu
apaiser ces troubles. A la tête de sa compagnie, il se
rendit au Palais-Royal, pour demander la liberté du
conseiller Broussel ; la reine refusa. Comme il retour-
nait, Molé fut menacé par des hommes du peuple.
« Tourne, traître, ou tu es mort, criaient-ils, ramène-
nous Broussel, ou Mazarin en otage. » Molé recon-
duisit sa compagnie au Palais-Royal, avec la même
tranquillité que s'il eût présidé à quelque cérémonie ;
la reine, cette fois, céda.

Mais elle était décidée à se venger. Elle se sauva
avec son fils à Saint-Germain et appela une armée
pour faire le siège de Paris.

6. Turenne et Condé. — Dans cette guerre
civile, les deux grands capitaines, Turenne et Condé,
combattirent l'un contre l'autre. Turenne soutenait
Mazarin ; et Condé était du côté des frondeurs. Tous
deux cherchèrent à s'emparer de Paris.

Une bataille acharnée se livra, sous les murs de
cette ville, au faubourg Saint-Antoine. « Je n'ai pas
vu un Condé, disait Turenne, j'en ai vu douze. » Turenne était vainqueur ; il allait entrer dans Paris
quand Mlle de Montpensier fit tirer sur ses troupes le
canon de la Bastille.

7. Trahison de Condé. — Condé, maître de
Paris, voulut forcer les habitants à se déclarer pour
lui. Ils refusèrent. Furieux, il fit massacrer à l'Hôtel
de Ville les magistrats.

Cette action odieuse souleva la foule contre lui.
Condé dut quitter Paris et bientôt la France. Il alla

porter son épée aux Espagnols. Cette trahison, qui est une tache ineffaçable dans la vie de Condé, ne lui porta pas bonheur.

8. Fin de la Fronde. — Après la fuite de Condé, la Fronde fut terminée. Mazarin, qui s'était deux fois exilé, rentra triomphant à Paris.

Cette guerre civile, qui pour les nobles fut une distraction, « une guerre pour rire », fut pour le peuple une calamité. Après les malheurs de la guerre de Trente ans, elle acheva de ruiner les provinces.

9. Mazarin et l'Espagne. — L'Espagne n'avait pas signé les traités de Westphalie. Mazarin

Condé.

continua la guerre contre cette puissance. Les Espagnols comptaient sur l'appui de Condé, qui, par haine de Mazarin, avait trahi la France; mais les Français avaient Turenne.

10. Bataille de Dunkerque. — Les deux grands généraux furent en présence devant la ville de Dunkerque; la bataille allait s'engager; les dispositions de l'armée de Turenne étaient très habilement prises; Condé en fut frappé. Il s'adressa à un jeune seigneur anglais qui était dans son camp : « Avez-vous jamais vu une bataille? lui demanda-t-il. — Non. — Eh bien, dans une heure vous verrez comment on en perd une. » Il fut en effet vaincu.

11. Le traité des Pyrénées (1659). — L'Espagne demanda la paix. Le cardinal Mazarin et le ministre du roi d'Espagne eurent une entrevue dans l'île des Faisans, formée par la rivière de la Bidassoa. Ils signèrent le traité dit des Pyrénées.

L'Espagne céda à la France le Roussillon avec la ville de Perpignan et l'Artois avec la ville d'Arras.

Le jeune Louis XIV épousait la fille du roi d'Espagne, Marie-Thérèse. Ce mariage fut plus tard le prétexte de nouvelles guerres entre les Français et les Espagnols.

12. Mort de Mazarin. — Mazarin mourut deux ans après. Il avait bien servi la France; et il disait avec raison que si son langage n'était pas français, son cœur l'était.

LECTURE. — Saint Vincent de Paul.

La misère dans les temps de la Fronde provoqua dans les âmes généreuses un élan de charité.

Saint Vincent de Paul.

Saint Vincent de Paul se distingua entre tous par son dévouement aux misérables.

Vincent de Paul était le fils d'un pauvre paysan des Landes. Il s'instruisit en gardant les troupeaux, et se fit ordonner prêtre. Pris sur mer par un pirate de Tunis, il devint esclave. Mais sa piété et sa foi séduisirent son maître, qui se convertit et ramena son esclave à Rome.

Vincent de Paul vécut pour les malheureux. Il fonda la congrégation des Sœurs de charité et il créa l'œuvre des Enfants trouvés, destinée à élever les petits êtres sans parents.

Une fois, les dames qui l'aidaient dans cette œuvre se décourageaient. Il les réunit et leur parla ainsi : « Mesdames, la compassion et la charité vous ont fait adopter ces petites créatures pour vos enfants. Les voilà devant vous ! Ils vivront si vous continuez d'en prendre un soin charitable; et je vous le déclare devant Dieu, ils seront morts demain, si vous les délaissez. »

Cette prière toucha tous les cœurs, et les enfants furent sauvés. Saint Vincent de Paul mérita le surnom d'Intendant de la Providence.

EXERCICES ORAUX ET ÉCRITS

1. Qui gouverna pendant la minorité de Louis XIV ? — 2. Qui fut ministre pendant cette minorité ? — 3. Qu'est-ce que la Fronde ? — 4. Qu'est-ce que la journée des Barricades ? — 5. Quelle fut la conduite du président Molé ? — 6. Quel fut le rôle de Condé et de Turenne ? — 7. Parlez de la trahison de Condé ? — 8. Comment finit la Fronde ? — 9. Quelle fut la conduite de Mazarin à l'égard de l'Espagne ? — 10. Où et par qui Condé fut-il vaincu ? — 11. Comment se termina la guerre ? — 12. Que dit Mazarin en mourant ?

Gravure. — Mazarin signe le traité des Pyrénées.

Explication des mots. — *La Bastille*, forteresse qui servait de prison d'Etat. — *Tunis*, sur le littoral de l'Afrique, est aujourd'hui une colonie française.

Colbert montre à Louis XIV les plans du Louvre.

CHAPITRE II

LE SIÈCLE DE LOUIS XIV

I

LOUIS XIV ET COLBERT

LEÇON

1. En 1661, à la mort de Mazarin, Louis XIV prit la direction des affaires. Il sut s'entourer de bons ministres, tels que Colbert et Louvois.

2. Colbert administra avec intelligence et économie les finances, protégea l'agriculture, développa l'industrie et le commerce. Il fut le véritable ministre de la paix.

3. Louvois fut le ministre de la guerre. Il donna à la France une armée redoutable.

4. Il faut citer encore, parmi les bons conseillers de ce règne : Vauban, qui éleva les forteresses du royaume, et Hugues de Lionne, l'habile négociateur des traités.

RÉCIT

1. **Louis XIV** (1661). — Quand Mazarin fut mort, Louis XIV, alors âgé de vingt-trois ans, prit le gouvernement.

Ce roi avait une haute idée de son pouvoir. « L'Etat, c'est moi, » disait-il. Mais il justifia son ambition par un travail assidu et une grande application aux affaires. Il voulait tout voir et tout faire par lui-même.

2. Les ministres de Louis XIV. — Louis XIV ne voulut jamais avoir un premier ministre qui, comme Richelieu ou Mazarin, eût été trop puissant. Mais il sut choisir de bons serviteurs qui furent des ministres dociles et dévoués.

Les deux principaux furent : Colbert et Louvois.

Colbert.

3. Colbert. — Colbert naquit à Reims d'une famille modeste de marchands de drap. Il reçut l'instruction élémentaire, vint à Paris et à Lyon pour y apprendre le commerce, puis il s'attacha à Mazarin qui le nomma son intendant particulier.

Le cardinal apprécia la probité de son serviteur, et, en mourant, le recommanda à Louis XIV : « Sire, avait-il dit, je vous dois tout ; mais je crois m'acquitter envers vous en vous donnant Colbert. »

4. Caractère de Colbert. — Colbert avait l'aspect sévère et dur, ses contemporains l'appelaient l'*Homme de marbre*. Mais en réalité il était bon, très sensible aux misères du peuple. « Je voudrais, disait-il, rendre ce pays heureux. »

Il fut un travailleur infatigable et administrateur économe.

5. Colbert et Fouquet. — Colbert succéda au ministre des finances, Fouquet.

Fouquet était un grand seigneur qui dépensait beaucoup d'argent. Il était très généreux pour les écrivains. Mme de Sévigné et La Fontaine avaient pour lui la plus vive affection. Il donnait des fêtes splendides dans son château de Vaux.

Colbert révéla à Louis XIV les dilapidations de Fouquet. Celui-ci fut arrêté et emprisonné dans la forteresse de Pignerol où il mourut.

6. L'œuvre de Colbert. — Colbert, comme Sully, a travaillé à la prospérité de la France. Les finances de l'Etat furent restaurées par une sévère économie et par une meilleure répartition des impôts. L'agriculture fut encouragée.

Mais Colbert a surtout donné un grand développement à notre industrie, à notre commerce et à nos colonies. Agriculteurs, industriels, marchands, tous doivent bénir la mémoire de cet homme qui fut, pour ainsi dire, le génie de la paix.

7. Mort de Colbert (1683). — Louis XIV, entraîné par le goût des dépenses, supportait mal l'économie de Colbert. Aussi ce grand ministre mourut dans la disgrâce. A son lit de mort, il s'écria : « Si j'avais fait pour Dieu ce que j'ai fait pour mon roi, je serais sauvé mille fois, et je ne sais ce que je vais devenir. »

8. Louvois et l'armée. — Louvois, ministre de la guerre, donna à la France une armée redoutable.

Il développa l'instruction des officiers, disciplina les soldats et perfectionna l'armement. Il remplaça le mousquet par le fusil et il généralisa l'usage de la baïonnette.

L'œuvre la plus remarquable de Louvois fut l'organisation de l'intendance et des hôpitaux, dont le plus magnifique fut l'hôtel des Invalides.

Louvois.

9. Vauban. — Vauban fut le plus grand ingénieur de ce siècle. Il construisit ou répara toutes les places fortes de la frontière. Il entoura la France d'une ceinture de citadelles redoutables.

Vauban avait un cœur généreux. Il aurait voulu diminuer les impôts qui écrasaient le pauvre peuple. Il exposa ses idées de réformes dans un livre appelé *la Dîme royale*. Louis XIV, mécontent, fit brûler le livre. Vauban en mourut de douleur.

10. De Lionne. — La direction des affaires extérieures avait été confiée à de Lionne. Cet habile diplomate se montra le digne successeur de Mazarin. Il prépara la grandeur du règne de Louis XIV.

———

LECTURE

Colbert, les marchands, les artisans, les paysans.

Colbert a été un des plus grands ministres de notre histoire. Ami de la paix, il a beaucoup fait pour la prospérité publique. Les marchands, les artisans et les paysans ont béni sa mémoire.

Les marchands ont pu commercer librement dans l'intérieur du royaume, sans payer des droits de douane; ils ont exporté leurs marchandises à l'étranger et dans les colonies; ils avaient à leur disposition une belle marine marchande que Colbert avait créée.

Les artisans, encouragés par le ministre, devinrent plus habiles et plus riches. Les grandes fabriques de glaces de Saint-Gobain, les fabriques d'armes de Saint-Étienne, les fabriques de draps de Sedan, Louviers et Elbeuf, les fabriques de dentelles d'Alençon, datent de Colbert.

Les paysans furent protégés. Ils payèrent moins d'impôts. Ils virent les campagnes sillonnées de belles routes et fertilisées par les canaux.

L'époque où vécut Colbert fut pour la France une époque de prospérité.

EXERCICES ORAUX ET ÉCRITS

1. Quel était le caractère de Louis XIV? — 2. Quels furent ses principaux ministres? — 3. Comment Colbert fut-il connu par Louis XIV? — 4. Quel était son caractère? — 5. A qui succéda-t-il? — 6. Quelle fut son œuvre? — 7. Que dit-il en mourant? — 8. Que fit Louvois pour l'armée? — 9. Qu'est-ce que Vauban? — Qui dirigea les affaires étrangères?

Gravure. — Colbert montre à Louis XIV les plans du Louvre.

Explication des mots. — *Dilapidation*, gaspillage de l'argent de l'État. — *Intendance*, service des approvisionnements dans l'armée.

La mort de Turenne.

II

VICTOIRES ET CONQUÊTES

LEÇON

1. Louis XIV a fait, pendant son règne, quatre grandes guerres. Il a lutté contre trois coalitions européennes.

2. Il conquit la Flandre sur les Espagnols et l'annexa par le traité d'Aix-la-Chapelle.

3. La guerre de Hollande provoqua une coalition européenne. Les succès de Condé et de Turenne, les victoires navales de Duquesne imposèrent à l'Europe le traité de Nimègue qui nous donna la Franche-Comté.

4. Ce traité marque l'époque la plus glorieuse du règne de Louis XIV.

RÉCIT

1. Ambition de Louis XIV. — Louis XIV, dans son orgueil, voulut dominer l'Europe.

Son règne a été une longue suite de guerres, souvent glorieuses, mais quelquefois inutiles et presque toujours ruineuses pour la France. Lui-même a reconnu trop tard les funestes résultats de son ambition. « J'ai trop aimé la guerre, disait-il à son successeur, ne m'imitez pas en cela ! »

2. Conquête de la Flandre (1668). —

Louis XIV profita de la mort du roi d'Espagne pour réclamer la Flandre, au nom des droits de Marie-Thérèse.

En huit jours, la forte place de Lille tomba en son pouvoir. Les Espagnols abandonnèrent à Louis XIV, par le traité d'Aix-la-Chapelle, cette riche province.

3. **La guerre de Hollande.** — La Hollande s'était alliée avec l'Espagne. Louis XIV ne lui pardonna pas cette intervention. D'autre part, Colbert n'aimait pas les Hollandais, rivaux heureux de notre commerce et de notre marine.

4. **Le passage du Rhin.** — A la tête d'une brillante armée, Louis XIV traversa le Rhin, et envahit la Hollande. Cette première opération fut célébrée par Boileau comme une grande victoire. La Hollande, effrayée, demanda la paix.

5. **Coalition générale.** — Louis XIV refusa la paix. Il voulut ruiner et humilier l'ennemi. Ce fut une faute grave. Les Hollandais, désespérés, donnèrent le pouvoir militaire au prince Guillaume d'Orange ; ils rompirent les digues qui arrêtaient l'Océan et ne craignirent pas de ruiner leur pays pour sauver leur indépendance. L'Europe entière se déclara contre nous.

6. **Condé à Senef.** — Cette première coalition fut vaincue par la France. Condé, revenu à son devoir, battit le prince d'Orange à Senef et resta maître de la Flandre.

7. **Turenne en Alsace.** — Pendant ce temps Turenne s'immortalisait par son admirable campagne d'Alsace.

Cet habile général avait été obligé de battre en retraite devant des forces considérables. Il s'était cantonné dans la Lorraine, derrière les Vosges.

Pendant l'hiver, quand toutes les routes étaient couvertes de neige, pendant que les Allemands étaient répandus, sans méfiance, dans toutes les villes de l'Alsace, il franchit tout à coup les montagnes, tomba sur les ennemis épouvantés, les culbuta dans trois combats, et délivra l'Alsace.

8. Mort de Turenne. — L'année suivante

Turenne.

Turenne passa le Rhin, et vint porter la guerre en Allemagne même.

Il rencontra les Allemands près du village de Salzbach. C'est là qu'il trouva une mort glorieuse.

9. L'amiral Duquesne. — La marine se signala dans cette guerre par de glorieux services. Duquesne battit trois fois la flotte des Hollandais et des Espagnols sur les côtes de la Sicile. Le fameux amiral hollandais Ruyter y fut tué.

10. La paix de Nimègue (1678). — La paix fut signée à Nimègue. La France obtint la Franche-Comté et douze places dans les Pays-Bas.

11. Louis le Grand. — Lorsque le roi rentra à Paris, le corps de ville, fier de son succès, lui décerna solennellement le nom de Grand.

LECTURES

1. La mort de Turenne.

Turenne, sur le champ de bataille de Salzbach, observait la position des ennemis, quand il fut frappé mortellement par un boulet. A côté de lui, son lieutenant Saint-Hilaire eut le bras emporté.

La mort de Turenne fut une calamité publique. Les soldats manifestèrent une vive douleur. « Ils voulaient, criaient-ils, venger la mort de leur père. » Louis XIV, pour honorer le meilleur capitaine de son siècle, le fit enterrer à Saint-Denis, dans la sépulture des rois.

2. Jean Bart.

Jean Bart, fils d'un pêcheur de Dunkerque, fut un des plus hardis corsaires de cette époque. Louis XIV, apprenant sa bravoure, le nomma chef d'escadre.

Jean Bart fit une guerre terrible aux Anglais. Un jour, son navire, entouré de tous côtés par les ennemis, était menacé d'être pris. « Ne craignez rien, dit le vaillant marin à son équipage ; mon fils est à la sainte-barbe, prêt à nous faire sauter s'il faut nous rendre. »

Ces héros ne redoutaient pas la mort.

EXERCICES ORAUX ET ÉCRITS

1. Quelle était l'ambition de Louis XIV ? — 2. Quelle province conquit-il sur l'Espagne ? — 3. Quelles sont les causes de la guerre de Hollande ? — 4. Quel fut le premier fait glorieux de cette guerre ? — 5. Que firent les Hollandais pour repousser Louis XIV ? — 6. Quelle fut la victoire de Condé ? — 7. Que fit Turenne en Alsace ? — 8. Racontez sa mort. — 9. Quels furent les succès de Duquesne ? — 10. Comment se termina la guerre ? — 11. Quel titre donna-t-on à Louis XIV ?

Gravure. — La mort de Turenne à Salzbach.

Explication des mots. — *Flandre*, province française, capitale Lille. — *Franche-Comté*, province française, capitale Besançon.

La bataille navale de la Hougue.

III

LES FAUTES ET LES REVERS

LEÇON

1. Louis XIV, aveuglé par l'orgueil, commit des fautes graves, dont la principale fut la révocation de l'édit de Nantes.

2. La révocation provoqua la guerre de la ligue d'Augsbourg, qui assura le triomphe de Guillaume III, roi d'Angleterre, malgré les victoires de Luxembourg et de Catinat.

3. En 1700, Louis XIV soutint les prétentions de son petit-fils, le duc d'Anjou, au trône de Madrid. Ce fut la guerre de la succession d'Espagne.

4. La France éprouva les revers de Hochstedt, Ramillies et Turin ; mais elle fut sauvée par la victoire de Villars à Denain ; et elle assura la couronne de Philippe V à Madrid.

5. Louis XIV, en mourant, laissait la France agrandie, mais affaiblie et ruinée.

RÉCIT

1. Les fautes de Louis XIV. — Enivré par la gloire, Louis XIV conçut un orgueil démesuré. Il ne connut d'autre volonté que la sienne ; et, comme il était trompé par les coupables flatteries de ses courtisans, il se crut infaillible.

Aussi la seconde partie de son règne a été marquée par bien des fautes et attristée par bien des revers.

2. La révocation de l'édit de Nantes. — La plus grande des fautes fut la révocation de ce sage édit de Nantes, par lequel Henri IV avait accordé aux protestants la liberté de conscience.

Louis XIV persécuta les protestants qui refusaient de se convertir. Des soldats furent chargés de presser les conversions ; ils commirent mille cruautés. Les protestants émigrèrent en masse. Ils emportèrent à l'étranger leurs richesses, leur activité commerciale, le secret de nos industries.

Luxembourg.

3. Les protestants en Prusse. — La Prusse a dû à l'émigration des protestants une partie de sa prospérité ; un quartier de Berlin fut peuplé de Français ; le souverain de ce pays accueillit avec un empressement intéressé tous nos compatriotes. « Je vendrais ma vaisselle, disait-il, plutôt que de laisser les émigrés manquer de pain. »

4. Louis XIV et Guillaume III. — L'Europe, irritée, prit les armes contre Louis XIV : c'est à Augsbourg, ville de l'Allemagne, que fut signée la coalition. Le puissant roi d'Angleterre, Guillaume III, en fut le chef.

5. Victoires de Luxembourg et de Catinat. — La France avait encore d'immenses ressources, et les armées étaient commandées par d'habiles généraux, élèves de Turenne et de Condé.

Luxembourg, après ses victoires de Fleurus, de Steinkerque et de Nervinde, envoya à la cathédrale de Paris tant de drapeaux, qu'on l'appela le tapissier de Notre-Dame.

Catinat battit le duc de Savoie à Staffarde et à la Marsaille.

6. Défaite de la Hougue. — Mais déjà des revers attristaient ces succès. Louis XIV voulait détrôner le roi d'Angleterre, Guillaume III, et le remplacer par Jacques II Stuart.

Il donna l'ordre à l'amiral Tourville d'attaquer les Anglais partout où il les rencontrerait.

Tourville livra bataille, malgré l'infériorité de sa flotte, près du cap de la Hougue et subit une glorieuse défaite.

7. Le traité de Ryswick. — Louis XIV dut accepter la paix dont les conditions furent pénibles pour son orgueil. Il reconnut son ennemi, Guillaume III, comme roi d'Angleterre.

La France commençait à s'épuiser. Fénelon écrivait au roi : « Sire, la France n'est plus qu'un hôpital désolé et sans provisions. »

8. La succession d'Espagne. — En 170

le roi d'Espagne, Charles II, mourut sans enfant. Il légua sa succession au petit-fils de Louis XIV, le duc d'Anjou.

Louis XIV, avant d'accepter pour un prince français la couronne d'Espagne, hésita pendant quelques jours. Puis il fit connaître sa décision avec cet air de grandeur qui lui était naturel. Il présenta le duc d'Anjou à la cour en disant : « Messieurs, voilà le roi d'Espagne. »

Le duc d'Anjou, sous le nom de Philippe V, commença une dynastie nouvelle, celle des Bourbons.

9. Coalition générale. — L'empereur d'Allemagne, Léopold, qui ambitionnait cette succession d'Espagne, fit la guerre à la France. L'Europe entière se tourna contre Louis XIV, et organisa la troisième coalition. Elle nous opposa les deux meilleurs généraux de l'époque, l'Anglais Marlborough et le prince Eugène.

10. Revers de la France. — La France fit des efforts inouïs pour tenir tête à tant d'ennemis. Elle retrouva quelquefois ses beaux succès des premières années du règne. Villars en Allemagne, Vendôme en Italie, remportèrent d'éclatantes victoires.

Mais bientôt le pays fut à bout de forces. Des généraux incapables, tels que Villeroi et La Feuillade, conduisirent les armées à d'épouvantables désastres. Les défaites de Hochstedt, de Ramillies, de Turin et d'Oudenarde amenèrent les ennemis jusque sur notre territoire.

11. Hiver de 1709. — La nature elle-même semblait s'être associée aux ennemis de la France pour la détruire. L'hiver de 1709 fut terrible. Il brûla les blés, fit périr les oliviers, les vignes, les arbres fruitiers et jusqu'aux arbres des forêts.

A Paris, il fallut faire rentrer les factionnaires qui mouraient de froid pendant la nuit. Les pauvres s'entassaient dans les hôpitaux ; mais on les expulsa, faute de place, et, désormais sans asile, ils erraient par troupes dans les rues. Trente mille personnes succombèrent.

12. Désespoir de Louis XIV. — Aux frontières, les armées désorganisées étaient partout battues ; les ennemis refusaient de traiter et envahissaient la France ; le roi perdait toute sa famille ; en 1712, il ne lui restait qu'un arrière-petit-fils âgé de trois ans.

Louis XIV désespéré confia au maréchal Villars sa dernière armée.

13. Villars à Denain. — Villars sauva la

Villars.

France. Il attaqua le prince Eugène près de Landrecies. Il perça les lignes des Impériaux à Denain, sous les yeux du prince Eugène qui poussait des cris de rage, prit deux cents canons et tous les magasins.

En recevant la dépêche de Villars, le roi parut à cheval dans les rues de Paris, criant : « Mes enfants, victoire, victoire ! la paix ! » Il envoya aussitôt l'ordre de conclure la paix.

14. Vendôme en Espagne. — Deux ans auparavant, le maréchal Vendôme avait remporté en Espagne une brillante victoire à Villaviciosa. Après la bataille, le roi Philippe V n'ayant pas de lit, Vendôme lui dit : « Je vais vous dresser un lit, le plus beau sur lequel jamais souverain ait couché ; » et il fit faire un matelas des drapeaux pris sur l'ennemi.

15. La paix d'Utrecht (1713). — Ces succès permirent à Louis XIV de signer à Utrecht une paix honorable. Philippe V fut reconnu roi d'Espagne.

Malheureusement la France dut abandonner à l'Angleterre une partie du Canada, cette colonie d'Amérique que nous possédions depuis si longtemps, et qu'on appelait « la *Nouvelle-France* ».

16. Mort de Louis XIV. — En 1715, le roi tomba dangereusement malade. Entendant les sanglots de ses serviteurs : « Pourquoi pleurez-vous, dit-il, m'avez-vous cru immortel ? » Puis il bénit son arrière-petit-fils, le duc d'Anjou, âgé de cinq ans, et lui dit en l'embrassant : « Mon enfant, vous allez être bientôt roi d'un grand royaume. Soulagez vos peuples le plus tôt que vous le pourrez, et faites ce que j'ai eu le malheur de ne pouvoir faire moi-même. »

Quand la nouvelle de sa fin arriva à Vienne, l'empereur Charles VI l'annonça par ces seuls mots : « Messieurs, *le roi* est mort. » Tout le monde comprit quel était ce roi, tant Louis XIV avait été pour ses contemporains la personnification même de la royauté !

LECTURES

1. Le maréchal de Luxembourg.

Le maréchal de Luxembourg, élève du grand Condé, rappelait les qualités de son maître : c'était la même impétuosité, le même coup d'œil rapide et sûr, le même bonheur d'inspiration. À la bataille de Nervinde, il fit attaquer les Anglais à la baïonnette. Guillaume d'Orange essaya vainement de repousser l'élan de notre armée. « Oh ! l'insolente nation ! » s'écria-t-il. Et en parlant de Luxembourg : « Ne pourrais-je donc pas battre ce petit bossu ? » Le général français, qui apprit ce propos, répliqua spirituellement : « Bossu, qu'en sait-il ? je ne lui ai jamais tourné le dos. »

2. L'amiral Tourville.

Le règne de Louis XIV a été illustré par la marine française. Duquesne, Duguay-Trouin, Jean-Bart, Tourville, ont été des marins célèbres.

Tourville avait reçu de Louis XIV l'ordre de combattre les Anglais partout où il les rencontrerait. Cependant, comme il avait une flotte inférieure à celle des ennemis, il hésitait à engager la bataille.

Le ministre lui envoya l'ordre formel d'attaquer les Anglais. « Messieurs, dit Tourville à ses officiers, le roi nous donne l'ordre de nous faire battre pour son service. »

Les deux flottes, anglaise et française, se trouvèrent en présence dans la baie de la Hougue. Malgré l'infériorité du nombre, Tourville lutta victorieusement toute la journée. Mais, ne pouvant recommencer la bataille le lendemain, il ordonna la retraite.

EXERCICES ORAUX ET ÉCRITS

1. Quelles fautes commit Louis XIV ? — 2. Qu'est-ce que la révocation de l'édit de Nantes ? — 3. Où les protestants persécutés émigrèrent-ils ? — 4. Quelle guerre fut provoquée par la révocation ? — 5. Quelles furent les victoires de Luxembourg et de Catinat ? — 6. Qui fut vaincu à la Hougue ? — 7. Comment se termina la guerre ? — 8. Qu'est-ce que la succession d'Espagne ? — 9. Pourquoi provoqua-t-elle une coalition ? — 10. Quels furent les revers de la France ? — 11. En quoi l'année 1709 fut-elle désastreuse ? — 12. Que fit Louis XIV ? — 13. Quelle victoire remporta Villars ? — 14. Quel fut le succès de Vendôme en Espagne ? — 15. Comment se termina la guerre ? — 16. Racontez la mort de Louis XIV.

Gravure. — La bataille navale de la Hougue.

Explication des mots. — *Révocation d'un édit*, rendre cet édit nul. — Le *Canada*, capitale Québec, a été longtemps une colonie française.

Louis XIV et la cour de Versailles.

IV

LES ÉCRIVAINS ET LES ARTISTES

1. Le siècle de Louis XIV est une des plus grandes époques littéraires de l'humanité.

2. Descartes, Pascal et Corneille illustrèrent les ministères de Richelieu et de Mazarin. Sous Louis XIV, Molière écrivit ses comédies, La Fontaine ses fables, Racine ses tragédies, Boileau ses satires, ses épîtres, son Art poétique.

3. Parmi les écrivains en prose, les plus grands furent Fénelon, Bossuet, La Bruyère, Saint-Simon.

4. Les sciences firent de grands progrès avec Descartes et Pascal.

5. La peinture fut illustrée par Lesueur, Poussin, Claude Lorrain; la sculpture, par Coysevox et les frères Coustou; l'architecture par Mansard et Perrault.

RÉCIT

1. **Le siècle de Louis XIV.** — Louis XIV encouragea les écrivains, les poètes et les artistes. Il mérita ainsi de donner son nom à son siècle.

Le roi apprit un jour que ses officiers méprisaient Molière, parce qu'il était comédien; il le fit asseoir à sa table, et dit aux courtisans qui entraient : « Messieurs, vous me voyez occupé à faire manger Molière, que mes officiers ne trouvent pas d'assez bonne compagnie pour eux. »

Louis XIV.

2. L'époque de Richelieu. — Dans la première partie du dix-septième siècle, à l'époque de Richelieu, trois grands écrivains s'illustrèrent au premier rang : Descartes, Pascal et Corneille.

Corneille, vieillissant, recevait de Louis XIV une pension qui était sa principale ressource, et, comme on parlait de la lui retirer, Boileau, un autre poète, s'honora en offrant au roi le sacrifice de la sienne : Corneille garda sa pension.

3. Les poètes. — Molière, le plus grand de nos poètes comiques, fit le premier représenter des pièces à la fois gaies et délicates. Racine atteignit dans ses tragédies à la perfection du langage français.

La Fontaine a écrit des fables qui sont aujourd'hui encore le plus populaire des ouvrages du grand siècle.

4. Bossuet et Fénelon. — Le plus grand des écrivains en prose est Bossuet, évêque de Meaux, à la fois historien, orateur, théologien. Le roi le chargea de l'éducation de son fils, le grand Dauphin.

Fénelon, archevêque de Cambrai, d'abord disciple, ensuite rival de Bossuet, est remarquable par l'élégance et l'harmonie de son style. Chargé d'instruire le duc de Bourgogne, fils aîné du Dauphin, il commença pour son élève le *Télémaque*.

5. Les artistes. — Dans les arts, la France se plaça à la tête de l'Europe. Les peintres, Poussin et Lesueur, les sculpteurs Puget et Coysevox, les architectes Mansard, Claude Perrault et Le Nôtre, embellirent Versailles et la France.

Le roi fit construire les Invalides, magnifique asile réservé aux soldats blessés, la colonnade du Louvre, enfin le palais de Versailles, qui fut le séjour de la royauté jusqu'à la Révolution.

LECTURE. — **La cour de Versailles.**

Louis XIV fut l'expression la plus glorieuse de la royauté.

Sa personne semblait faite pour son rôle : sa taille, son port, sa beauté et sa grande mine annonçaient le souverain ; une majesté naturelle accompagnait toutes ses actions et commandait le respect. Il avait l'instinct du pouvoir, le besoin de commander aux autres. Il réunit au pied de son trône tout ce qui était influence ou éclat : noblesse, fortune, science, génie, bravoure, vinrent comme autant de rayons briller autour de sa couronne.

Versailles fut le centre de cette cour si brillante. Mansard a construit ce palais, Lebrun l'a peuplé de peintures, Le Nôtre a tracé les jardins.

La France a payé pour construire Versailles une somme

énorme. Le luxe de Louis XIV a été presque aussi fatal au peuple que les ambitions de la guerre.

EXERCICES ORAUX ET ÉCRITS

1. Pourquoi Louis XIV a-t-il donné son nom à son siècle? — 2. Quels sont les grands écrivains de l'époque de Richelieu? — 3. Quels sont les poètes de l'époque de Louis XIV? — 4. Les grands écrivains en prose? — 5. Les grands artistes?

Gravure. — Louis XIV reçoit Molière à Versailles.

Exercices sur la carte. — Montrer sur la carte les noms géographiques suivants : *Lille*, préfecture du Nord; *Arras*, préfecture du Pas-de-Calais; *Besançon*, préfecture du Doubs; *Perpignan*, préfecture des Pyrénées-Orientales; *Denain*, ville du Nord.

Rappeler les souvenirs qui se rattachent à ces villes.

La foule devant la banque royale.

CHAPITRE III
LE DIX-HUITIÈME SIÈCLE

I
LOUIS XV ET LE DUC D'ORLÉANS

LEÇON

1. Pendant la minorité de Louis **XV**, successeur de Louis **XIV**, le duc d'Orléans exerça la régence. Son principal ministre fut l'abbé Dubois.

2. Le duc d'Orléans fit une guerre funeste à l'Espagne; il essaya de relever les finances de l'Etat; mais la banque fondée par l'écossais Law acheva de les ruiner.

3. Le duc de Bourbon, son successeur, maria le jeune roi avec la fille du roi de Pologne, Marie Leczinska.

4. Ce mariage provoqua la guerre de la succession de Pologne. Le cardinal Fleury termina cette guerre par le traité de Vienne qui donna la Lorraine à la France.

RÉCIT

1. Louis XV. — Louis XV, arrière-petit-fils et successeur de Louis XIV, n'avait que cinq ans à son avènement.

Son règne est un de ceux qui ont laissé dans notre

histoire le plus triste souvenir. Cependant, ce prince ne manquait pas de qualités qui auraient pu faire de lui un bon roi. Il était brave sur le champ de bataille; et il avait l'intelligence des affaires politiques. Mais toutes ces qualités furent ruinées par des vices odieux et par une éducation déplorable.

2. Education du roi. — Villeroi, précepteur du jeune roi, le corrompit de bonne heure. Un jour,

Le duc d'Orléans.

lui montrant du haut d'un balcon la foule qui l'acclamait, il lui dit : « Sire, tout ce peuple est à vous. »

Aussi les mauvais instincts du prince se développèrent librement. Il se montra insouciant et égoïste : les misères du peuple ne le touchèrent jamais. « Après moi, le déluge, » s'écriait-il quelquefois. Ses enfants devaient payer ses fautes et ses crimes.

3. Le duc d'Orléans. — Le duc d'Orléans

exerça la régence pendant la minorité du jeune roi.
Ce prince était brave, instruit, spirituel, généreux.
Malheureusement toutes ces qualités furent perver-
ties par une mauvaise éducation. Ainsi devint-il
railleur, incrédule, débauché.

4. L'abbé Dubois. — L'abbé Dubois, précepteur du duc d'Orléans, fut son mauvais conseiller.
Fils d'un apothicaire de Brives, il arriva aux plus
hautes dignités par sa souplesse et par sa fourberie.
Il n'avait aucun scrupule : devenu ministre, il se
vendit à l'Angleterre, s'allia avec elle et fit la guerre
à l'Espagne pour servir ses intérêts.

5. L'Écossais Law. — Louis XIV avait laissé
les finances dans une situation déplorable. Il n'y
avait plus d'argent dans le trésor. L'Etat était à la
veille d'une banqueroute.

A ce moment, arriva à Paris un banquier écossais
du nom de Law. Il proposa au régent de fonder une
banque et de remplacer l'or et l'argent par du papier-
monnaie. Le régent y consentit.

6. La banque de Law. — Les opérations de
la banque eurent d'abord un grand succès. Law créa
en même temps une compagnie pour l'exploitation
des richesses de l'Amérique. Les actions de cette
compagnie rapportaient beaucoup d'argent. Tout le
monde voulut en acheter. L'hôtel de la banque, rue
Quincampoix, fut envahi par une foule de personnes
qui les achetaient et les revendaient avec bénéfice. L'empressement était tel qu'un bossu gagna
des sommes considérables à prêter sa bosse en
guise de pupitre. Un Savoyard réalisa plusieurs millions.

7. Ruine de la banque. — Mais bientôt les
actions baissèrent, quand on apprit que les richesses
de la compagnie avaient été exagérées. Alors tous
ceux qui possédaient des actions voulurent les vendre.
Elles n'eurent plus aucune valeur.

Law fit banqueroute. Il était venu en France avec

plusieurs millions; il en partit avec quelques écus seulement.

8. Le duc de Bourbon. — La même année, en 1723, le régent et Dubois, son ministre, moururent. Louis XV, qui était devenu majeur, prit le duc de Bourbon pour premier ministre. Ce fut un choix déplorable.

9. La reine Marie Leczinska. — Le duc de Bourbon maria le jeune roi avec Marie Leczinska, fille du .roi détrôné de Pologne. Cette princesse vivait modestement dans un château des Vosges. Aussi son étonnement fut grand quand elle apprit qu'elle avait été désignée pour devenir reine de France.

Marie Leczinska se montra, sur le trône, ce qu'elle avait été jusqu'alors, douce, humble et résignée.

10. La guerre de la succession de Pologne. — Ce mariage fut la cause d'une grande guerre. Le trône de Pologne étant devenu vacant, l'ancien roi Stanislas Leczinski se porta comme candidat. Louis XV résolut de soutenir les prétentions de son beau-père. Mais les Autrichiens et les Russes opposèrent un rival au candidat français. La guerre éclata.

11. Le cardinal Fleury. — Louis XV avait remplacé le duc de Bourbon par son ancien précepteur, le cardinal Fleury. C'était un vieillard prudent, sage et honnête, d'humeur très pacifique. Il fit à regret une guerre qu'il désapprouvait et il n'envoya en Pologne qu'une expédition de quinze cents hommes.

12. Le traité de Vienne (1738). — Stanislas Leczinski ne réussit pas à conquérir la couronne de Pologne; mais il obtint, par le traité de Vienne, la Lorraine et la belle ville de Nancy.

Après sa mort, cette province devait devenir française.

LECTURE. — Héroïsme du comte de Plélo.

La guerre de la succession de Pologne fut marquée par un trait d'héroïsme.

Le comte de La Pérouse était venu attaquer Dantzig avec quinze cents soldats. Mais voyant les forces des Russes et des Autrichiens, il jugea imprudent de tenter une lutte stérile et de sacrifier ses hommes : il se retira.

A son retour, il s'arrêta à Copenhague. L'ambassadeur français, le comte de Plélo, en apprenant sa conduite, rougit de honte. « Au nom du roi, lui dit-il, je vous ordonne de retourner à Dantzig ; je vous accompagne. » Il partit, en effet, après avoir écrit au ministre pour lui recommander sa femme et ses enfants. Il débarqua à Dantzig, se jeta sur les Russes et se fit bravement tuer avec ses quinze cents soldats pour l'honneur du nom français.

EXERCICES ORAUX ET ÉCRITS

1. Quel était le caractère de Louis XV ? — 2. Comment fut-il élevé ? — 3. Qui fut nommé régent ? — 4. Qu'est-ce que l'abbé Dubois ? — 5. Qui essaya de relever les finances ? — 6. Qu'est-ce que le système de Law ? — 7. Pourquoi échoua-t-il ? — 8. Qui succéda au duc d'Orléans ? — 9. Avec qui Louis XV se maria-t-il ? — 10. Quelle guerre ce mariage fit-il éclater ? — 11. Qui fit cette guerre ? — 12. Comment se termina-t-elle ?

Gravure. — La banque de Law de la rue Quincampoix.

Explication des mots. — *Apothicaire*, nom donné autrefois aux pharmaciens. — *Banque*, établissement de crédit. — *Banqueroute*, ruine d'une banque. — *Actions*, part de bénéfice ou de perte dans une entreprise commerciale. — *Copenhague*, capitale du Danemark.

Le maréchal de Saxe à Fontenoy.

II
LOUIS XV ET FRÉDÉRIC II

LEÇON

1. Louis XV s'associa au roi de Prusse, Frédéric II, pour dépouiller de ses Etats Marie-Thérèse.

2. Cette guerre de la succession d'Autriche, signalée par la victoire de Fontenoy, se termina par la paix d'Aix-la-Chapelle (1748).

3. Inconstant dans sa politique, Louis XV s'allia avec Marie-Thérèse contre Frédéric II.

4. Cette nouvelle guerre dura sept ans; la France fut vaincue à Rosbach.

RÉCIT

1. Marie-Thérèse et Frédéric II. — L'empereur d'Allemagne, Charles VI, avait laissé, en mourant, ses vastes Etats à son unique fille, Marie-Thérèse, âgée seulement de vingt ans. Le roi de Prusse, Frédéric II, disputa à cette reine la succession de son père.

2. La guerre de la succession d'Autriche. — Louis XV s'associa avec Frédéric II pour dépouiller Marie-Thérèse. Celle-ci fut soutenue par l'Angleterre. Ainsi éclata la guerre de la succession d'Autriche.

3. Les premiers revers. — La guerre se fit d'abord en Allemagne, et elle fut malheureuse pour nos armes. Les Français, chassés de la Bohême, malgré la belle conduite de Chevert à Prague, furent rejetés sur le Rhin.

L'Alsace et la Lorraine furent envahies. Louis XV accourut pour défendre ces provinces et tomba malade à Metz.

4. Le maréchal de Saxe. — Dans ce moment critique, le maréchal de Saxe prit la direction des opérations militaires et tout fut sauvé. Il envahit les Pays-Bas et livra bataille aux Anglais et aux Autrichiens près du village de Fontenoy.

5. Bataille de Fontenoy (1745). — Les Anglais nous attaquèrent les premiers ; quand leurs bataillons arrivèrent en présence des nôtres, ils s'écrièrent : « Messieurs les gardes françaises, tirez ! » Les grenadiers français répondirent : « Messieurs, nous ne tirons jamais les premiers, tirez vous-mêmes. » Les Anglais ouvrirent le feu et renversèrent toute la première file de nos soldats. Mais le maréchal de Saxe fit poster sur une colline des canons qui portèrent la mort dans l'armée anglaise. La bataille fut gagnée.

6. La paix d'Aix-la-Chapelle (1748). — Malgré ce succès, la France ne retira aucun profit de cette guerre. Louis XV, au traité d'Aix-la-Chapelle, rendit toutes ses conquêtes. Il avait déclaré qu'il voulait faire la paix comme un roi et non comme un marchand.

7. La guerre de Sept ans (1756). — La guerre de la succession d'Autriche avait été inutile ; celle de Sept ans fut désastreuse. Après avoir soutenu la Prusse contre l'Autriche, Louis XV soutint l'Autriche contre la Prusse. L'Angleterre se mit de la partie contre nous. Nous n'éprouvâmes que des revers.

8. La défaite de Rosbach. — La plus honteuse de nos défaites fut celle que subit le maréchal de Soubise à Rosbach. Ce général incapable se laissa cerner par les Prussiens, commandés par le grand Frédéric ; il perdit toute son armée.

Frédéric II, roi de Prusse.

9. Héroïsme du chevalier d'Assas. — Cette guerre malheureuse fut illustrée par quelques beaux faits d'armes. Notre armée faillit être surprise à Closter-Camp par l'armée anglaise, elle fut sauvée par le dévouement du chevalier d'Assas, capitaine au régiment d'Auvergne. Cet officier, envoyé à la découverte, fut tout à coup arrêté par les régiments ennemis. « Silence, lui dit-on, ou tu es mort ! » D'Assas s'écria : « A moi, d'Auvergne, c'est l'ennemi ! » Cet héroïque dévouement nous valut la victoire.

10. Progrès de la Prusse. — Le roi de Prusse seul tira profit de cette guerre. Il agrandit ses Etats. Il conquit sur l'Autriche une belle province, la Silésie, et il la garda.

LECTURE. — **Chevert à Prague.**

En novembre 1741, l'armée française assiégeait Prague, la capitale de la Bohême. Elle était commandée par le brave lieutenant-colonel Chevert, le seul officier qui, n'étant pas noble, devait tous ses grades à son mérite.

Le temps pressait ; il fallait enlever Prague à tout prix. Chevert résolut de donner l'assaut. Il réunit tous les sergents du régiment et leur dit : « Vous êtes tous des braves et je puis choisir au hasard parmi vous. » Puis se tournant vers le sergent Pascal : « C'est toi, lui dit-il, qui marcheras le premier à l'assaut. — Bien, mon colonel. — La sentinelle criera : « Qui va là ? » — Bien, mon colonel. — Tu ne répondras rien. — Bien, mon colonel. — Elle tirera sur toi et te manquera. — Bien, mon colonel. — Tu la tueras. — Bien, mon colonel. — Nous serons là pour te soutenir. »

Ainsi fut fait. Pascal s'avance le premier, subit le feu de la sentinelle, la tue et ouvre les portes de la ville à l'armée française.

Chevert, maître de Prague, y fut assiégé à son tour et il n'avait pour se défendre que quelques soldats, des malades et des blessés. On le somma de se rendre. « Si on ne m'accorde pas les honneurs de la guerre, dit-il, je mets le feu aux quatre coins de Prague et m'ensevelis sous les ruines. » Chevert put sortir de la ville, fièrement, avec ses drapeaux et ses soldats.

EXERCICES ORAUX ET ÉCRITS

1. Qu'est-ce que Marie-Thérèse et Frédéric II ? — **2.** Quelle guerre les mit aux prises ? — **3.** Que fit la France ? — **4.** Qu'est-ce que le maréchal de Saxe ? — **5.** Quelle victoire remporta-t-il ? — **6.** Quelle paix termina la guerre ? — **7.** Qu'est-ce que la guerre de Sept ans ? — **8.** Qui fut vaincu à Rosbach ? — **9.** Racontez l'histoire du chevalier d'Assas. — **10.** Qui tira profit de cette guerre ?

Gravure. — Le maréchal de Saxe à la bataille de Fontenoy.

Explication des mots. — *Prague*, capitale de la Bohême. — *Fontenoy*, village de la Belgique. — *Rosbach*, village de l'Allemagne.

Dupleix à Pondichéry.

III

LOUIS XV ET LES COLONIES FRANÇAISES

LEÇON

1. La France avait fondé avec Dupleix un vaste empire colonial dans l'Inde. Louis XV ne sut pas le conserver.

2. Attaquée par l'Angleterre pendant qu'elle faisait la guerre à la Prusse, la France, vaincue sur mer, perdit, par le traité de Paris, l'Inde et le Canada.

3. Le ministre Choiseul essaya de réparer cette perte. Il annexa la Lorraine et la Corse.

4. Pendant les dernières années du règne de Louis XV, l'abaissement de la France fut complet.

RÉCIT

1. **Les colonies françaises.** — La France possédait au dix-huitième siècle un bel empire colonial que le génie de Richelieu et de Colbert nous avait donné. Cet empire fut encore accru par l'intelligence et le dévouement de Dupleix.

2. **Dupleix.** — Dupleix, gouverneur des établissements français dans l'Inde, montra dans ce poste un génie supérieur. Son ambition était de créer un puissant empire colonial. Profitant avec habileté des

divisions qui avaient éclaté parmi les princes indiens, il s'empara d'un vaste territoire aussi grand que la France.

3. Triomphe de Dupleix. — Dupleix fut secondé par sa femme, Jeanne de Castro, célèbre dans l'Inde sous le nom de la *princesse Jeanne*. Il exerça, grâce à elle, une grande autorité sur les princes indigènes. Il devint lui-même un prince tout-puissant et il fit dans sa capitale, Pondichéry, une entrée triomphale.

4. Jalousie des Anglais. — Les Anglais, jaloux de notre prospérité, nous firent la guerre.

Dupleix soutint contre eux une lutte énergique. Ceux-ci avaient mis le siège devant Pondichéry, la capitale des établissements français. Dupleix dirigea en personne la défense et y reçut une blessure. Sa femme brava à ses côtés tous les dangers, soutenant par son exemple les officiers et les soldats.

5. Disgrâce de Dupleix. — Après la paix d'Aix-la-Chapelle, les Anglais, effrayés des progrès que faisait la conquête française, exigèrent le rappel de Dupleix. Louis XV eut la faiblesse d'y consentir.

Dupleix, disgracié, mourut à Paris dans une extrême misère.

6. Montcalm au Canada. — En même temps, Louis XV perdait notre plus ancienne colonie, le Canada.

Le marquis de Montcalm fit de généreux efforts pour sauver cette belle colonie.

Il eut à lutter contre une forte armée anglaise commandée par le général Wolf.

La bataille s'engagea sous les murs de Québec; Montcalm et Wolf furent tués. « Je meurs content, avait dit celui-ci, les Anglais sont vainqueurs ! » « Je meurs content, avait dit Montcalm, je ne verrai pas la défaite des Français. »

7. Le traité de Paris (1763). — Le traité de

Paris mit fin à la guerre; il donnait à l'Angleterre nos belles colonies de l'Inde et du Canada et lui livrait l'empire des mers. C'est un des plus honteux que la France ait jamais signés.

Choiseul.

8. Choiseul. — Un habile ministre, Choiseul, essaya de réparer ces revers. Il réorganisa l'armée et refit notre marine. Il réunit la Lorraine à la France, à la mort du roi Leczinski, et il annexa la Corse, que les Génois nous vendirent en 1769.

Mais ce ministre fut disgracié, et la France retomba dans le désordre.

9. Mort de Louis XV (1774). — La royauté avait été bien compromise par le mauvais gouvernement de Louis XV. Ce roi égoïste se livrait aux plus tristes débauches pendant que son pays était vaincu et humilié.

Il mourut, prévoyant les malheurs qui allaient fondre sur la France, malheurs dont il est en partie responsable !

10. Le dix-huitième siècle. — Les écrivains

Voltaire.

du dix-huitième siècle ont hâté l'avènement de la révolution française.

Trois écrivains surtout exercèrent une grande influence sur l'opinion publique, Voltaire, Montesquieu et Rousseau.

Ils attaquèrent les abus de l'ancien régime et en rendirent la suppression plus facile et plus désirable.

Les sciences jetèrent aussi un vif éclat sur ce siècle avec les grands noms de Lavoisier, Buffon et Franklin.

Enfin les explorations et les voyages de Cook, Bougainville, La Pérouse, augmentèrent les connaissances géographiques.

LECTURE. — Lally-Tollendall.

Lally-Tollendall, successeur de Dupleix, avait pris pour devise : « Plus d'Anglais dans la péninsule! » Il remporta d'abord quelques succès, puis échoua au siège de Madras. Il dut se retirer dans Pondichéry où il subit un siège héroïque. Réduit par la famine, il fut obligé de se rendre sans condition.

Fait prisonnier et emmené en Angleterre, Lally-Tollendall obtint de rentrer en France pour défendre sa conduite. « J'apporte ici ma tête et mon innocence ! » écrivit-il au ministre Choiseul.

Le malheureux fut condamné à mort et exécuté en place de Grève. Plus tard, son fils, aidé de Voltaire, obtint de Louis XVI la réhabilitation de sa mémoire.

EXERCICES ORAUX ET ÉCRITS

1. Qui avait fondé notre empire colonial ? — 2. Qu'est-ce que Dupleix ? — 3. Que fit-il dans l'Inde ? — 4. Quelle lutte soutint-il contre les Anglais ? — 5. Pourquoi fut-il disgracié ? — 6. Quel fut le défenseur du Canada ? — 7. Quelles sont les conditions du traité de Paris ? — 8. Que fit le ministre Choiseul ? — 9. La date de la mort de Louis XV ? — 10. Quels sont les grands écrivains et savants du dix-huitième siècle ?

Gravure. — Dupleix fait son entrée triomphale à Pondichéry.

Explication des mots. — *Hindoustan*, presqu'île de l'Asie. — *Canada*, région située au nord de l'Amérique. — La *Corse*, capitale Ajaccio, une des îles de la Méditerranée.

Louis XVI et Turgot.

IV

LOUIS XVI ET TURGOT

LEÇON

1. Louis XVI, successeur de Louis XV, était bon et honnête, mais il manquait de fermeté.

2. Les ministres Turgot et Necker essayèrent de faire des réformes; mais ils ne furent pas soutenus par le roi.

3. Louis XVI contribua à la fondation de la république des Etats-Unis qui fut reconnue par le traité de Versailles.

4. Après les ministères de Calonne et de Brienne, Louis XVI se résigna à convoquer les états généraux (1789).

RÉCIT

1. Louis XVI (1774). — Le successeur de Louis XV apportait, à son avènement, de grandes qualités. Bon, honnête, de mœurs pures, animé d'excellentes intentions, Louis XVI voulait sincèrement le bien du peuple et se montra partisan des réformes. Mais son caractère était faible et l'indécision de son esprit compromit toujours le résultat des mesures utiles.

Il fut heureux dans le choix de ses premiers ministres. Deux surtout étaient des hommes remarquables : Malesherbes et Turgot.

2. Malesherbes. — Malesherbes fut nommé

ministre de la maison du roi. Cet homme vertueux,
animé de la passion du bien, se découragea trop vite

Louis XVI.

dans sa lutte contre les privilégiés; il donnà sa démission : « Vous êtes plus heureux que moi, lui dit
Louis XVI, vous pouvez abdiquer. »

3. Turgot. — Turgot fut nommé ministre des
finances. Ce choix était particulièrement heureux.

Si la royauté avait pu être sauvée, c'était par un
tel ministre. Dévoué au roi et ami du peuple, chré-
tien sincère et tolérant, esprit droit et énergique,
Turgot avait toutes les qualités pour gouverner la
France dans des temps aussi difficiles.

4. Les édits de Turgot. — Turgot se mit
aussitôt à l'œuvre et fit paraître trois ordonnances
remarquables : la première établissait la liberté du
commerce, à l'intérieur du royaume; la seconde
abolissait la corvée, qui pesait sur les paysans; la
troisième supprimait les corporations qui étaient une
entrave pour la liberté du travail.

5. Disgrâce de Turgot. — Ces réformes provoquèrent une vive opposition. Les courtisans, les princes et la reine Marie-Antoinette s'unirent contre l'ennemi inflexible des abus, et le roi n'osa pas garder celui dont il disait : « Je vois bien qu'il n'y a que deux hommes en France qui aiment le peuple, M. Turgot et moi. »

La disgrâce de Turgot fut déplorée comme un malheur public.

6. Necker. — Un autre ministre, Necker, essaya de faire des réformes, et ne fut pas plus heureux. C'était un banquier genevois qui s'occupa surtout des finances. Il voulait réduire les dépenses inutiles, relever le crédit de l'Etat par l'économie et la probité. Son grand honneur fut d'avoir suffi aux charges de la guerre d'Amérique sans avoir augmenté les impôts.

7. Les colonies anglaises d'Amérique. — La grande république des Etats-Unis n'était, au dix-huitième siècle, qu'une colonie anglaise peuplée de trois millions d'habitants. Les Anglais ayant voulu lever des impôts sur les colons américains, sans demander leur consentement, ceux-ci se révoltèrent.

8. Washington. — Les Américains combattirent avec courage. Ils mirent à leur tête un riche planteur de la Virginie, Georges Washington. C'était un homme intègre, ne connaissant que la loi du devoir, d'un jugement droit, dévoué à la liberté et à l'indépendance de son pays.

9. La Fayette. — La France éprouvait une vive sympathie pour les colons américains. Elle voyait avec plaisir l'occasion de prendre sa revanche sur l'Angleterre. Dès le début des hostilités, quelques nobles, La Fayette, Noailles, de Ségur, allèrent offrir leur épée aux Américains. La Fayette était parti avec enthousiasme. « Mon cœur, disait-il, est enrôlé pour la cause de la liberté. »

10. Franklin. — Les Américains envoyèrent à Paris un de leurs plus célèbres compatriotes, Franklin, pour demander au roi Louis XVI l'appui de la France.

Franklin, qui avait débuté par être un modeste ouvrier imprimeur et qui était devenu un grand savant, fut accueilli avec enthousiasme par les Français. Il signa avec le roi un traité d'alliance.

11. Les marins français. — Dans cette guerre, les marins français soutinrent leur vieille réputation de bravoure.

L'amiral d'Orvilliers gagna la bataille d'Ouessant; l'amiral d'Estaing s'empara des Antilles; le duc de Crillon reprit Minorque. Enfin le bailli de Suffren fit une rude guerre aux Anglais dans l'Inde.

En Amérique, Rochambeau et La Fayette unirent leurs forces à celles de Washington et forcèrent les Anglais à demander la paix.

12. Le traité de Versailles. — La France fut assez heureuse pour faire reconnaître, par le traité de Versailles, l'indépendance de la république américaine.

13. La reine Marie-Antoinette. — Les succès de la guerre d'Amérique ne sauvèrent pas Louis XVI.

Après les ministères de Turgot et de Necker, les abus avaient recommencé. Le roi, toujours trop faible, se laissa dominer par la reine, Marie-Antoinette, hostile aux réformes.

14. Le ministre Calonne. — Le nouveau ministre, Calonne, répandit l'argent sans compter. Il prétendait que, pour paraître riche, il fallait dépenser beaucoup, il ne savait rien refuser. « Quand je vis que tout le monde tendait la main, disait un courtisan, moi je tendis mon chapeau. »

15. L'assemblée des notables. — Quand le ministre fut à court d'argent, il proposa au roi de convoquer une assemblée des notables.

Les notables refusèrent de voter les impôts qu'ils auraient été obligés de payer eux-mêmes. Ils exigèrent le renvoi du ministre.

16. Brienne et le parlement. — Calonne fut remplacé par un des notables, l'archevêque de Toulouse, Loménie de Brienne, qui se montra aussi incapable dans son administration financière. Il proposa de nouveaux impôts; le parlement protesta. Des insurrections éclatèrent en Bretagne et en Dauphiné.

La situation devenant de jour en jour plus critique, le roi résolut de faire un nouvel appel à l'expérience de Necker.

17. Necker et les états généraux (1789). — Necker accepta le pouvoir à la condition que les états généraux seraient convoqués. Le roi y consentit.

Les élections se firent dans toute la France. Les députés devaient se réunir à Versailles le 1er mai 1789. Ils allaient faire les réformes que la royauté n'avait pas voulu ou n'avait pas pu faire. La Révolution commence.

LECTURES

1. Le combat de la « Belle-Poule ».

La marine française a joué un rôle brillant dans la guerre de l'Indépendance américaine.

Le début des hostilités fut marqué par un beau fait d'armes.

Les vaisseaux anglais étaient venus bloquer le port de Brest. La frégate française *la Belle-Poule* sortit seule de la rade et elle attaqua le vaisseau anglais *l'Aréthuse*.

Les navires ennemis, surpris par cette attaque, levèrent l'ancre et Brest fut débloqué.

Le nom de la *Belle-Poule* devint populaire. La coiffure à la mode s'appela la coiffure à la Belle-Poule.

2. L'ancien régime.

On appelle ancien régime l'état social et politique de la France avant la Révolution.

Il n'y avait pas d'égalité parmi les Français. Les nobles, les prêtres, le peuple formaient des classes particulières.

Les nobles et les prêtres ne payaient pas d'impôts, et, seuls, ils pouvaient aspirer aux fonctions publiques.

Dans la famille, l'aîné seul avait droit à l'héritage.

Le roi avait un pouvoir absolu. Louis XIV avait dit : « L'Etat, c'est moi ! »

Les Français n'étaient pas libres. Ils pouvaient être jetés dans la prison de la Bastille, même pour un écrit inoffensif.

L'ouvrier pouvait difficilement devenir patron ; le paysan était encore taillable et corvéable à merci.

La nation, appelée à nommer ses représentants aux états généraux, fit entendre ses vœux. Elle demanda que le peuple prît part au gouvernement du pays et que tous les citoyens fussent égaux et libres.

C'est ce qu'on appela les principes de 1789.

EXERCICES ORAUX ET ÉCRITS

1. Quel était le caractère de Louis XVI ? — 2. Qu'est-ce que Malesherbes ? — 3. Quels étaient les projets de Turgot ? — 4. Quels sont ses édits ? — 5. Pourquoi fut-il disgracié ? — 6. Qui lui succéda ? — 7. Pourquoi les colons anglais d'Amérique se soulevèrent-ils ? — 8. Qui prirent-ils pour chef ? — 9. Que fit La Fayette ? — 10. Qui signa un traité avec Louis XVI ? — 11. Quels furent les exploits des marins français ? — 12. Quel traité mit fin à la guerre ? — 13. Qu'est-ce que Marie-Antoinette ? — 14. Que fit le ministre Calonne ? — 15. Quelle assemblée convoqua-t-il ? — 16. Qui lui succéda ? — 17. Qui convoqua les états généraux ?

Gravure. — Turgot présente un édit au roi Louis XVI.

Explication des mots. — *Assemblée des notables*, réunion des personnages les plus marquants de la nation ; c'est le roi qui les choisissait. — *Etats généraux*, réunion des députés de la noblesse, du clergé et du tiers état ; c'est le peuple qui élisait les députés. — *Tiers état :* la noblesse et le clergé formaient les deux premiers ordres ou états de la nation, le peuple formait le troisième ou tiers état.

Mirabeau et le marquis de Dreux-Brézé.

CHAPITRE IV

LA RÉVOLUTION

I

L'ASSEMBLÉE CONSTITUANTE

(1789-1791)

LEÇON

1. Les états généraux se réunirent à Versailles, le 5 mai 1789; ils prirent, après le serment du Jeu de paume, le nom d'Assemblée nationale constituante.

2. Le 14 juillet 1789, le peuple s'empara de la Bastille; dans la nuit du 4 août, l'Assemblée abolit les privilèges féodaux; dans la journée des 5 et 6 octobre, l'émeute força le roi et l'Assemblée à siéger à Paris.

3. Les réformes de l'Assemblée provoquèrent l'émigration. Le roi lui-même s'enfuit de Paris; il fut pris à Varennes et ramené. Il jura fidélité à la constitution.

RÉCIT

1. Ouverture des états généraux. — Les députés de la nation, qui formaient les états généraux, se réunirent à Versailles le 5 mai 1789. Les nobles et le clergé auraient voulu délibérer séparément sur les affaires du royaume; ils auraient eu ainsi la majorité. Le tiers état exigea que la délibération eût lieu en commun et que le vote de chaque député fût compté.

2. Serment du Jeu de paume. — La cour protesta contre cette décision et fit fermer, sous pré-

Serment du Jeu de Paume.

texte de réparations, la salle des états généraux. Les députés du tiers se réunirent dans une salle du jeu de paume. Le local était sombre et nu; aucun ornement; des bancs et quelques chaises.

Le président de l'Assemblée, Bailly, montant sur une table, prononça ce serment célèbre : *Nous jurons de ne point nous séparer jusqu'à ce que la constitution du royaume soit établie sur des bases solides.* Tous les députés levèrent la main et dirent : « Nous le jurons. »

3. Mirabeau. — Les députés, chassés de la

salle du Jeu de paume, se réunirent dans l'église Saint-Louis, à Versailles.

Le roi voulut briser cette résistance. Il ordonna aux députés de se séparer. La noblesse et le clergé obéirent. Les députés de la bourgeoisie restèrent assis sur leurs sièges. Alors, le grand maître des cérémonies, M. de Dreux-Brézé, entra dans la salle et dit : « Messieurs, vous avez entendu les ordres du roi? — Oui, monsieur, répondit Mirabeau, mais nous sommes ici par la volonté du peuple, et nous n'en sortirons que par la force des baïonnettes. »

4. Assemblée constituante. — Le roi céda. « Eh bien! s'ils ne veulent pas quitter la salle, dit-il, qu'on les y laisse. » Il invita lui-même les nobles et les évêques à s'y rendre, et les états généraux prirent alors le nom d'*Assemblée nationale constituante.*

5. Camille Desmoulins. — La cour ne céda qu'à regret; elle prépara un coup d'Etat contre l'Assemblée. A cette nouvelle, une vive agitation se répandit dans Paris. Au Palais-Royal, Camille Desmoulins harangua la foule et l'excita à la résistance.

6. Prise de la Bastille (14 juillet). — Dans la journée du 14, la foule envahit l'Hôtel des Invalides, y enleva des fusils et des canons, puis marcha sur la Bastille. La forteresse, défendue par le gouverneur de Launay et cent quatorze Suisses, se rendit après quatre heures de résistance. Le gouverneur et le prévôt des marchands, Flesselles, furent tués.

7. La Fayette et la cocarde tricolore. — Le roi, effrayé, éloigna les troupes de Paris et consentit à la formation d'une garde nationale.

La garde nationale adopta les deux couleurs de Paris, bleu et rouge, et, comme signe de réconciliation avec la royauté, le blanc, couleur de la maison de Bourbon. « La cocarde tricolore, dit La Fayette, fera le tour du monde. »

8. Bailly, maire de Paris. — Louis XVI

voulut marquer sa confiance aux Parisiens en venant les visiter. Le maire de Paris, Bailly, offrit les clefs de la ville. « Sire, dit-il, ce sont les mêmes qui furent

La Fayette.

présentées à Henri IV; il avait reconquis son peuple; aujourd'hui, c'est le peuple qui a reconquis son roi. »

9. L'émigration. — La réconciliation ne fut ni sincère, ni durable. Les nobles commençaient à émigrer. C'était une faute grave. Ils abandonnaient Louis XVI dans le péril et allaient pousser la révolution aux mesures les plus violentes. Les passions populaires commençaient à se déchaîner. Dans les campagnes, les paysans brûlaient les châteaux et les couvents.

10. La nuit du 4 août. — L'Assemblée, pour enlever tout prétexte à ces déplorables excès, résolut de mettre fin à tous les privilèges. Dans la mémorable nuit du 4 août, plusieurs membres de la noblesse et du clergé donnèrent un généreux exemple. Ils abandonnèrent tous les droits qu'ils tenaient de l'ancien régime. Ce fut alors comme un entraînement général. Droits féodaux, dîmes, corvées, tout fut aboli. La nuit du 4 août établissait l'égalité de tous les Français.

11. Le roi à Paris. — Au commencement de l'hiver, la situation était devenue mauvaise. La récolte avait été insuffisante et la misère était générale. A Paris, le pain manquait.

Le 5 octobre, la foule marcha sur Versailles. Elle envahit le château et exigea du roi la promesse qu'il viendrait résider à Paris. Louis XVI s'y rendit le lendemain avec la reine et le dauphin. Il était escorté par la populace qui criait : « Nous aurons du pain, nous amenons avec nous le boulanger, la boulangère et le petit mitron. »

12. La fête de la Fédération. — Le 14 juillet 1790, on célébra pour la première fois la fête nationale en souvenir de la prise de la Bastille. On l'appela la fête de la Fédération, c'est-à-dire l'union de tous les Français.

Le théâtre principal de la fête fut la place du Champ de Mars. Louis XVI, entouré de la famille royale, vint y prêter serment à la Constitution.

13. Fuite et retour du roi. — Cette union du roi et de l'Assemblée ne dura pas. Louis XVI résolut de quitter la France pour rejoindre les émigrés. Dans la nuit du 20 au 21 juin, il sortit des Tuileries. Reconnu à Sainte-Menehould par le fils du maître des postes, Drouet, et arrêté à Varennes, il fut ramené à Paris. Il jura d'accepter la Constitution.

14. Fin de l'Assemblée constituante. — L'Assemblée constituante termina ses travaux et se sépara le 30 septembre 1791. Elle avait accompli de grandes choses et elle avait bien mérité de la France.

LECTURE. — Les réformes de l'Assemblée constituante.

L'Assemblée constituante a créé par ses réformes notre société moderne.

Dans l'ordre politique, elle a établi la souveraineté de la nation.

Dans l'ordre social, elle a consacré l'égalité de tous les citoyens devant la loi.

Dans l'ordre administratif, elle a supprimé les anciennes provinces et divisé la France en départements.

Dans l'ordre judiciaire, elle a fondé l'unité de législation et proclamé les grands principes de l'indépendance du pouvoir judiciaire, de la publicité de la justice, et du jury.

Dans l'ordre financier, elle a remplacé le vieux système des impôts par les contributions directes et les contributions indirectes.

Dans l'ordre économique, elle a décrété l'abolition des corvées, des jurandes, des maîtrises, des douanes intérieures et elle a affranchi dans toutes ses formes le travail national.

Dans l'ordre religieux, elle a proclamé la liberté de conscience.

EXERCICES ORAUX ET ÉCRITS

1. Dans quelle ville se sont réunis les états généraux? — 2. Qu'est-ce que le serment du Jeu de paume? — 3. Rappelez la réponse de Mirabeau. — 4. Quel nom prirent les états généraux? — 5. Qu'est-ce que Camille Desmoulins? — 6. Racontez la prise de la Bastille. — 7. Quelle est l'origine du drapeau tricolore? — 8. Quelle fut la conduite de Louis XVI après la prise de la Bastille? — 9. Qu'est-ce que l'émigration? — 10. Que se passa-t-il dans la nuit du 4 août? — 11. Pourquoi le roi vint-il résider à Paris? — 12. Qu'est-ce que la fête de la Fédération? — 13. Pourquoi le roi chercha-t-il à émigrer? — 14. Que faut-il penser de l'Assemblée constituante?

Gravure. — Belle réponse de Mirabeau aux ordres du roi.

Explication des mots. — *Constitution*, contrat qui règle le gouvernement d'un pays.— *Bastille*, château construit par le roi Charles V, était devenu une prison d'Etat.

———————

Bataille de Valmy.

II

L'ASSEMBLÉE LÉGISLATIVE

LEÇON

1. L'Assemblée législative ne dura qu'un an. Elle lutta avec énergie contre les ennemis de la Révolution.

2. La guerre eut des contrecoups terribles sur l'histoire intérieure. Elle provoqua la journée du 20 juin et la chute de la royauté dans la célèbre journée du 10 août.

3. L'Assemblée se sépara le jour même où Dumouriez sauva la France par la victoire de Valmy (20 septembre 1792).

RÉCIT

1. L'Assemblée législative. — La nouvelle assemblée qui succédait à la Constituante, l'Assemblée législative, était résolue à défendre et à maintenir l'œuvre de la Révolution.

Cette œuvre était menacée : à l'intérieur, par la résistance de la cour et de la noblesse ; à l'extérieur, par les intrigues des émigrés. A leur tête étaient les deux frères de Louis XVI, le comte d'Artois et le comte de Provence.

2. Déclaration de guerre. — L'Assemblée, irritée contre ces coupables manœuvres des émigrés, força le roi à déclarer la guerre aux ennemis de la patrie.

Les premiers événements de la guerre nous furent défavorables ; la frontière fut envahie.

Le peuple, furieux de ces revers et convaincu que le roi était d'accord avec les émigrés, s'en prit à la royauté elle-même.

3. La journée du 20 juin. — Une première insurrection éclata le 20 juin 1792, jour anniversaire du serment du Jeu de paume. Dès le matin, vingt à trente mille hommes des faubourgs Saint-Antoine et Saint-Marceau marchèrent sur l'Assemblée, sous la conduite du brasseur Santerre et du boucher Legendre. Ils envahirent le château des Tuileries, en brisèrent les portes à coups de hache et pénétrèrent dans les appartements du roi. Celui-ci, pressé par la foule de prendre des mesures contre les nobles et les émigrés, répondit avec calme : « Je ferai ce que la Constitution m'ordonne. »

4. Menaces des ennemis. — Les menaces des ennemis ne firent qu'irriter les passions populaires. Le commandant des armées prussiennes déclara que Paris serait détruit, si le roi n'était pas rétabli dans son pouvoir absolu.

5. La journée du 10 août. — Une seconde insurrection, plus terrible, éclata à Paris.

Dans la nuit du 9 au 10 août, le tocsin se fit entendre et aussitôt les insurgés se dirigèrent vers les Tuileries. Ils chantaient le chant fameux que les Marseillais venaient d'apporter à Paris, la *Marseillaise*.

Le roi comprit que la lutte était impossible, et se réfugia, avec toute sa famille, dans l'Assemblée législative. Pendant ce temps les Tuileries étaient assiégées et les Suisses qui les défendaient avec courage étaient massacrés. Louis XVI fut suspendu de ses fonctions, enfermé au Luxembourg et plus tard dans la prison du Temple.

6. La patrie en danger. — L'Assemblée prit alors des mesures énergiques contre les ennemis ; elle décréta que la patrie était en danger. Dans toutes les villes des bureaux improvisés reçurent les enrôlements volontaires.

7. Danton. — Le puissant orateur de l'Assemblée, Danton, excita ces volontaires de son patrio-

Danton.

tisme ardent. « Que faut-il pour vaincre les ennemis de la patrie? s'écria-t-il ; il faut de l'audace, encore de l'audace, toujours de l'audace. »

Malheureusement, au milieu de ce magnifique élan national, des excès regrettables furent commis. On massacra dans les prisons de Paris tous ceux qui avaient été arrêtés sous prétexte qu'ils étaient traîtres à la patrie.

8. Valmy (20 septembre 1792). — La victoire répondit à nos efforts. Les généraux Dumouriez et

Kellermann arrêtèrent, près de Valmy, les Prussiens, qui avaient franchi les défilés de l'Argonne. Kellermann, les voyant approcher, mit son chapeau au bout de son sabre, et cria : « Vive la nation ! » Ses soldats se précipitèrent la baïonnette en avant et repoussèrent les Prussiens.

Ce fut la première victoire des soldats de la Révolution.

9. Fin de l'Assemblée législative. — Le jour même de cette victoire, l'Assemblée législative faisait place à la Convention nationale.

LECTURE. — Les volontaires de 1792.

Quand l'Assemblée eut décrété que la patrie était en danger, la France tout entière fut agitée par l'enthousiasme. Dans toutes les villes, des bureaux improvisés recevaient les enrôlements volontaires. A Paris, le canon placé sur le Pont-Neuf retentissait d'heure en heure pour avertir les citoyens que l'ennemi approchait. Huit amphithéâtres étaient dressés sur divers points, les officiers municipaux s'y tenaient en permanence, et, en deux jours, cinq mille hommes y vinrent se faire inscrire comme soldats.

EXERCICES ORAUX ET ÉCRITS

1. Quelle Assemblée a succédé à la Constituante ? — 2. Quel a été son premier acte ? — 3. Que s'est-il passé le 20 juin 1792 ? — 4. Quelles étaient les menaces des ennemis ? — 5. Qu'est-ce que la journée du 10 août et quelle en fut la conséquence ? — 6. Quelles mesures prit l'Assemblée ? — 7. Que dit Danton ? — 8. Quelle fut la première victoire des volontaires de 1792 ? — 9. Quelle assemblée succéda à l'Assemblée législative ?

Gravure. — La bataille de Valmy.

Explication des mots. — La *Marseillaise*, qui est le chant national, fut composée à Strasbourg par Rouget de l'Isle ; elle fut ainsi appelée parce qu'elle fut d'abord chantée par les soldats marseillais.

Les enrôlements volontaires.

III

LA CONVENTION

(1792-1795)

LEÇON

1. La Convention abolit la royauté et établit la République; elle condamna à mort et fit exécuter Louis XVI (21 janvier 1793).

2. La Convention répondit aux menaces de l'Europe par des mesures énergiques. Elle poursuivit tous les suspects, elle établit le Comité de salut public et le tribunal révolutionnaire. Ce fut le régime de la Terreur.

3. A l'intérieur, elle multiplia les armées, refoula l'invasion, conquit la Belgique par la victoire de Fleurus, et imposa à nos ennemis le traité de Bâle.

RÉCIT

1. République française. — Le premier acte de la Convention fut d'abolir la monarchie et de proclamer la République. Le 22 septembre 1792 commença l'ère républicaine.

2. Procès et mort de Louis XVI. — La Convention, après un long procès, condamna Louis XVI à la peine de mort.

Le 21 janvier 1793, le roi monta sur l'échafaud

d'un pas ferme. Un prêtre lui donna la suprême bénédiction et, pleurant, dit : « Fils de saint Louis, montez au ciel! » Le roi eut la force de dire quelques mots au peuple : « Français, je meurs innocent. Je pardonne à mes ennemis; et vous, peuple infortuné... » Il n'eut pas le temps d'achever, un roulement de tambours se fit entendre, les bourreaux le saisirent. A dix heures du matin, Louis XVI avait cessé de vivre.

3. Les luttes intérieures. — Cette mort fut le signal d'une coalition européenne, et elle provoqua dans la France de nombreuses révoltes. La Bretagne et la Vendée se soulevèrent pour la religion et le roi; Lyon et Marseille prirent les armes contre Paris; Toulon fut livré par les royalistes aux Anglais.

4. La Terreur. — La Convention, dominée par le *Comité de salut public*, déploya une énergie extraordinaire. Elle fit mitrailler les villes insurgées, envoya dans les départements une armée révolutionnaire qui traînait après elle la guillotine. Elle institua un *tribunal révolutionnaire*, qui condamnait à mort tous ceux qui étaient suspects d'être les ennemis de la Révolution. La reine Marie-Antoinette, le poète Chénier et des milliers de personnes de tout rang portèrent leur tête sur l'échafaud. Cette terrible époque s'appelle la *Terreur*.

5. Les montagnards et les girondins. — La Convention se divisait en deux grands partis : les montagnards, ainsi appelés parce qu'ils siégeaient sur les bancs les plus élevés de l'Assemblée, et les girondins, dont les principaux étaient députés de la Gironde.

Les montagnards étaient plus ardents, plus fermes et plus résolus. Ils ne reculaient devant aucun moyen pour sauver la République et la France. Les girondins étaient également dévoués à la République; mais, plus humains et plus généreux, ils voulaient la rendre aimable par la modération et la clémence. Ils furent les premières victimes de la Révolution.

6. La mort des girondins. — Les girondins, proscrits par la Convention, furent condamnés à mort. Ils étaient vingt-deux. La veille de l'exécution, ils se réunirent une dernière fois dans leur prison, et prirent part à un banquet, sous la présidence de Vergniaud.

Arrivés au pied de l'échafaud, ils entonnèrent d'une voix forte le chant de la *Marseillaise*. Le chant ne cessa pas tant que dura l'horrible exécution. Mais il s'affaiblit de plus en plus à mesure que le nombre des proscrits diminuait. Bientôt une seule voix se fit entendre, celle de Vergniaud. Le dernier des girondins poussa encore une fois le cri de : *Vive la République!* et tout fut fini. La Gironde avait vécu.

7. Danton et Camille Desmoulins. — Les montagnards, après avoir proscrit les girondins, se proscrivaient à leur tour. Le mot de Vergniaud était vrai : « La Révolution, comme Saturne, dévorait ses enfants. »

Danton et Camille Desmoulins, qui conseillaient la modération et la clémence, furent condamnés par ceux qui voulaient continuer le régime de la Terreur.

Ils moururent le même jour avec le même courage. « Je vais à l'échafaud, dit Desmoulins, pour avoir versé quelques larmes sur des milliers de malheureux et d'innocents. » Il n'avait que trente-trois ans.

Danton aurait pu éviter la mort, s'il avait écouté ses amis qui lui conseillaient de fuir. Il refusa. « Croyez-vous, leur dit-il, qu'on emporte la patrie à la semelle de ses souliers? » Quand il fut arrêté, il dit fièrement à ses juges : « J'aime mieux être guillotiné que guillotineur. »

8. La dictature de Robespierre. — Robespierre, membre du Comité de salut public, devint tout puissant. Cet homme, qui prétendait amener le règne de la justice et de la vertu, poursuivit avec une haine implacable tous ceux qui résistaient à son autorité. La Terreur devint plus grande encore, et des milliers d'innocents portèrent leur tête sur l'échafaud. La sœur du roi, madame Elisabeth, le vertueux Malesherbes, l'illustre Lavoisier furent victimes de cette atroce persécution.

9. La chute de Robespierre. — La France eut horreur de ces excès. Dans la journée du 9 thermidor (27 juillet), le dictateur fut mis hors la loi ainsi que son frère et les membres du Comité de salut public. Arrêté dans la grande salle de l'Hôtel de Ville, Robespierre eut la mâchoire fracassée d'un coup de pistolet, et le lendemain il fut conduit à l'échafaud.

Ce fut la fin de la Terreur.

10. Carnot. — Quels que soient les malheurs à jamais déplorables de cette sombre époque, l'histoire n'oublie pas que la Convention a eu l'honneur de sauver la patrie contre toute l'Europe coalisée.

Carnot, membre du Comité de salut public, fut le héros de cette admirable résistance. Travailleur infatigable, administrateur éminent, il donna à la France douze armées, dressa des plans de campagne, anima tout de son ardent patriotisme, et mérita d'être appelé « l'organisateur de la victoire ».

11. Les soldats de la République. — Les soldats de la République, mal vêtus, mal nourris, mais animés du plus généreux patriotisme, et commandés par d'habiles généraux, Jourdan, Moreau, Hoche, Marceau, Kléber, remportèrent d'éclatantes victoires.

12. La victoire de Fleurus. — La Belgique fut conquise par la victoire de Jemmapes ; et la glorieuse armée de Sambre-et-Meuse, après avoir battu à Fleurus, au chant de la *Marseillaise*, les troupes allemandes, conquit tout le pays jusqu'au Rhin.

13. Traité de Bâle. — Les ennemis effrayés signèrent la paix à Bâle. La France s'étendit jusqu'aux Alpes et au Rhin.

Carnot.

La République avait donné à la France ses frontières naturelles.

14. Pacification de la Vendée. — La Vendée, soulevée au nom de la religion et de la royauté, soutint une lutte énergique contre la Convention. Conduits par des chefs héroïques tels que Charette, de Bonchamp, de La Rochejacquelin, les Vendéens qu'on appelait les *blancs* ou les *chouans* luttèrent, souvent avec succès, contre les soldats de la République, surnommés les *bleus*. Kléber et Hoche pacifièrent la Vendée.

15. Les institutions de la Convention. — Pendant ces luttes intérieures, la Convention avait fondé d'utiles institutions. Nos grandes écoles, telles que l'Ecole polytechnique, le Muséum et l'Ecole normale, sont son œuvre. C'est là que professèrent les savants Lagrange, Laplace, Monge, Geoffroy-Saint-Hilaire, Lacépède, dont les travaux illustrèrent notre pays.

16. Fin de la Convention. — Le 26 octobre, la Convention déclara sa mission terminée. Un de ses derniers actes avait été de supprimer la peine de mort et de donner à la place de la Révolution le nom de place de la Concorde.

LECTURES

1. Mort de Mme Roland et de Lucile Desmoulins.

La femme qui avait été l'âme du parti girondin par son éloquence et par sa beauté, Mme Roland, fut une victime de la Terreur. Elle marcha courageusement à la mort. En passant devant la statue de la liberté, que par une cruelle ironie on avait dressée devant la guillotine, elle s'écria : « O liberté ! que de crimes on commet en ton nom ! »

La jeune femme de Camille Desmoulins, Lucile, fut arrêtée quelques jours après la mort de son mari, et, malgré son âge, malgré un jeune enfant de deux ans qu'elle laissait orphelin, elle fut exécutée. Elle n'eut que le temps, avant d'être livrée au bourreau, d'écrire un mot à sa vieille mère : « Bonsoir, ma chère maman ; une larme s'échappe de mes yeux, elle est pour toi. Je vais m'endormir dans le calme et l'innocence. »

2. Les marins de la République.

La marine se montra par son dévouement à la hauteur de l'armée. Il suffit de rappeler l'héroïque épisode du *Vengeur*.

L'amiral Villaret-Joyeuse joignit les Anglais le 1er juin 1794, et leur livra une bataille terrible dans laquelle il perdit six vaisseaux : l'un des six fut *le Vengeur*. Les boulets avaient brisé ses mâts et percé ses flancs, la mitraille avait décimé son équipage. Les marins qui survivaient clouèrent leur pavillon au tronçon du grand mât plutôt que de le rendre. A mesure que le vaisseau mutilé descendait dans l'abîme, les batteries successivement atteintes par la vague lâchaient tour à tour leurs dernières bordées, comme si l'immortel équipage avait voulu célébrer par des salves d'honneur ses propres funérailles.

3. Bara et Viala.

Joseph Bara s'engagea à quatorze ans dans l'armée de l'Ouest. Les Vendéens le firent prisonnier et lui dirent : « Crie vive le roi ! ou tu es mort ! » L'enfant répondit : Vive la République ! » Il tomba percé de coups.

Joseph Viala, un enfant de treize ans, eut aussi une mort héroïque. Les royalistes menaçaient Avignon. Déjà ils se préparaient à franchir le pont de bateaux sur la Durance. Personne n'osait aller, sous la grêle des balles, couper le câble qui reliait les bateaux. Seul, Viala se présenta et se précipita une hache à la main. Déjà il commençait à entamer le câble, quand il tomba frappé d'une balle ennemie. « Mon fils, dit sa mère héroïque, est mort pour la patrie ! »

EXERCICES ORAUX ET ÉCRITS

1. Quel fut le premier acte de la Convention ? — 2. Racontez le procès et la mort de Louis XVI. — 3. Quelles furent les luttes intérieures de la Convention ? — 4. Qu'est-ce que la Terreur ? — 5. Qu'est-ce que les montagnards et les girondins ? — 6. Racontez la mort des girondins. — 7. La mort de Danton et de Camille Desmoulins. — 8. Qui exerça la dictature ? — 9. Comment Robespierre fut-il renversé ? — 10. Qu'est-ce que Carnot ? — 11. Qu'ont fait les soldats de la République ? — 12. — Quelles victoires ont-ils remportées ? — 13. Quel traité mit fin à la guerre ? — 14. Qui pacifia la Vendée ? — 15. Quelles sont les institutions de la Convention ? — 16. Quel fut le dernier acte de la Convention ?

Gravure. — Les soldats de la République.

Explication des mots. — *Ère républicaine*, époque à partir de laquelle on comptait les années. On disait l'an I de la République. — *Bretagne* et *Vendée*, deux provinces situées à l'ouest de la France. — *Chouans*, les Vendéens étaient ainsi appelés parce qu'ils imitaient le cri du chat-huant comme signe de ralliement.

Bonaparte au pont d'Arcole.

IV

LE DIRECTOIRE

(1795-1799)

LEÇON

1. Le Directoire eut à lutter pendant quatre ans contre de grandes dificultés. Aussi son histoire n'est-elle qu'une suite de coups d'Etat dont le dernier, fait par Bonaparte dans la journée du 18 brumaire, établit le gouvernement consulaire.

2. L'Autriche et l'Angleterre n'avaient pas déposé les armes. La première, vaincue par la glorieuse campagne de Bonaparte en Italie et par les succès de Hoche et de Moreau en Allemagne, signa le traité de Campo-Formio (1797).

3. Bonaparte espéra vaincre l'Angleterre par l'expédition d'Egypte; mais cette expédition échoua.

4. L'Angleterre provoqua la seconde coalition. La France fut sauvée par la belle victoire de Masséna à Zurich.

RÉCIT

1. Le Directoire. — Le gouvernement du Directoire, qui succédait à la Convention, comprenait cinq directeurs et deux assemblées législatives, celle des Cinq-Cents et celle des Anciens.

2. Situation difficile. — Le Directoire trou-

vait la République dans une situation difficile. Les
finances étaient ruinées et le pays était appauvri.

3. La guerre. — La guerre continuait toujours
contre nos puissants ennemis : l'Angleterre et l'Autriche.

Heureusement, nos armées, animées du plus pur
patriotisme, se montrèrent à la hauteur du danger.
Elles étaient commandées par d'illustres généraux :
Moreau, Jourdan, Hoche, Masséna, Bonaparte.

4. Le général Bonaparte. — Bonaparte se
distingua entre tous, parmi tant de remarquables
capitaines, par l'audace de son génie, par la rapidité
de ses conquêtes, par ses éclatantes victoires, par sa
profonde ambition.

Il était né à Ajaccio, le 15 août 1769, d'une des
plus anciennes familles de la Corse. Il avait été élevé
à l'école de Brienne. A vingt-trois ans, il enlevait la
ville de Toulon aux Anglais; à vingt-quatre ans, il
était général et sauvait la Convention menacée par
l'insurrection. A vingt-sept ans, il commandait en
chef l'armée d'Italie.

5. Bonaparte en Italie. — La campagne
d'Italie fut faite avec une surprenante rapidité. En
dix mois, Bonaparte défit trois armées formidables,
trois fois renforcées; avec cinquante mille Français,
il vainquit plus de deux cent mille Autrichiens. Il
livra douze grandes batailles et plus de soixante
combats, toujours vainqueur à Dégo, Montenotte, Mil-
lesimo, Mondovi, Lodi, Arcole, Rivoli. Il donna lui-
même l'exemple du plus brillant courage. Sa conduite à Arcole et à Rivoli est restée populaire.

6. Traité de Campo-Formio (1797). — Ces
succès et les victoires de Moreau et de Hoche en Allemagne forcèrent l'Autriche à signer le traité de
Campo-Formio. L'Autriche abandonnait à la France
toute la rive gauche du Rhin.

7. Bonaparte en Egypte. — L'opiniâtre Angleterre n'avait pas déposé les armes. Bonaparte

résolut de briser sa puissance maritime. Il conduisit une expédition en Égypte. Son but était de faire de la Méditerranée un lac français.

Bonaparte partit de Toulon avec l'élite de l'armée d'Italie, Kléber, Desaix, Berthier, Lannes, Murat Caffarelli. Il débarqua à Alexandrie, après avoir enlevé Malte aux chevaliers de Saint-Jean.

8. Bataille des Pyramides. — En quittant Alexandrie, Bonaparte s'engagea dans les déserts de sable, où nos soldats eurent à souffrir de la chaleur et de la soif. Ils arrivèrent enfin en vue des Pyramides. La cavalerie ennemie les assaillit de tous côtés avec une redoutable impétuosité. Bonaparte fit disposer ses bataillons en carrés. « Soldats, leur dit-il, songez que du haut de ces pyramides quarante siècles vous contemplent! » Les ennemis furent dispersés et Bonaparte entra vainqueur au Caire, capitale de l'Egypte.

9. L'Institut d'Egypte. — Maître de l'Egypte, Bonaparte lui donna une administration française. Il fonda au Caire un Institut célèbre dont firent partie les savants qui avaient accompagné l'armée, Monge, Berthollet, Geoffroy-Saint-Hilaire, Larrey. Ces savants firent des travaux remarquables et commencèrent ces belles découvertes qui nous ont révélé l'histoire ancienne de l'Egypte.

10. Le désastre d'Aboukir. — Un irréparable échec compromit les résultats d'une campagne qui avait si bien commencé. L'amiral Brueys se laissa cerner dans la rade d'Aboukir par la flotte de l'amiral anglais Nelson. Il y subit une défaite complète. Bonaparte était enfermé en Egypte.

11. Expédition en Syrie. — Bonaparte fit une expédition en Syrie, remporta la victoire du Mont-Thabor, mais il vint échouer au siège de Saint-Jean-d'Acre. Il partit pour la France, laissant au général Kléber le soin de défendre l'Egypte contre les Anglais.

12. Belle conduite de Kléber. — Les Anglais voulurent forcer Kléber à signer une capitulation. « Soldats, dit l'héroïque général, on ne répond à de pareilles insolences que par des victoires. Préparez-vous à combattre ! » Le 20 mars 1800, l'armée française gagnait la bataille d'Héliopolis. Kléber rentra triomphant au Caire.

13. Mort de Kléber. — Quelques jours après, Kléber était assassiné dans les jardins de son palais par un musulman qui, sous prétexte de lui remettre une requête, le frappa d'un coup de couteau au ventre.

Après la mort du brave Kléber, l'Egypte fut perdue pour la France.

14. La deuxième coalition. — L'Autriche et la Russie profitèrent de cette défaite pour s'allier avec l'Angleterre. Une seconde coalition menaça la France. Nous n'éprouvâmes d'abord que des revers, et nos frontières furent envahies.

15. Masséna à Zurich. — En Suisse, Masséna s'établit fortement près de Zurich, défendu par les montagnes, le lac et la rivière. Quand le général russe Souvarow arriva de Saint-Gothard, après d'immenses fatigues, il se heurta contre ce réduit inexpugnable. A leur tour, nos soldats prirent l'offensive, et les Russes furent obligés de battre en retraite par des gorges affreuses, jetant leurs canons et leurs bagages dans les précipices.

La victoire de Zurich sauva la France.

16. Coup d'Etat du 18 brumaire. — Bonaparte, à son retour d'Egypte, profita du mécontentement général que le Directoire avait soulevé. Dans la journée du 18 brumaire (9 novembre 1799), il chassa les députés et fit arrêter les directeurs.

Ce coup d'Etat mit fin au gouvernement du Directoire.

LECTURE. — Bonaparte au pont d'Arcole.

La bataille commença, ardente, acharnée; les deux armées s'étaient engagées dans le marais; le pont d'Arcole était là, impossible à franchir; la fusillade des Autrichiens rejetait au loin les corps qui tentaient l'attaque.

Déjà Augereau avait planté le drapeau à l'entrée du pont sans parvenir à enlever les troupes; le général Bonaparte saisit à son tour un guidon et, mettant pied à terre, il s'avança seul à travers les balles et les boulets. Quelques officiers s'élancèrent, et, le saisissant par le bras, ils l'attirèrent de force sur le talus. Les officiers tombaient autour de lui. Bonaparte, lui-même, fut renversé et tomba dans le marais; les grenadiers s'enfoncèrent dans la boue jusqu'à mi-corps, repoussant la colonne ennemie qui s'avançait sur le pont. Ils ramenèrent leur général.

L'obstination héroïque des Français l'emporta enfin; les Autrichiens furent culbutés dans le marais. Masséna marchait en tête de sa division, battant la charge sur un tambour avec le pommeau de son épée.

EXERCICES ORAUX ET ÉCRITS

1. Qu'est-ce que le Directoire? — 2. Quelle était la situation de la France à cette époque? — 3. Quels étaient nos ennemis? — 4. Qu'est-ce que le général Bonaparte? — 5. Que fit-il en Italie? — 6. Quel traité signèrent les ennemis? — 7. Pourquoi le général Bonaparte fit-il l'expédition d'Egypte? — 8. Quelle victoire remporta-t-il? — 9. Qu'est-ce que l'Institut d'Egypte? — 10. Quelle défaite navale enferma Bonaparte en Egypte? — 11. Quelle nouvelle expédition fit-il? — 12. Racontez la belle conduite de Kléber? — 13. Sa mort. — 14. Qui forma la seconde coalition? — 15. Quelle fut la victoire de Masséna? — 16. Qu'est-ce que le coup d'Etat du 18 brumaire?

Gravure. — Bonaparte au pont d'Arcole.

Explication des mots. — *Egypte*, pays situé au nord de l'Afrique. — *Institut*, établissement littéraire et scientifique. — *Coup d'Etat*, acte violent par lequel on détruit la constitution légale d'un gouvernement.

Bonaparte gravit le Saint-Bernard.

CHAPITRE V

LE CONSULAT ET L'EMPIRE

I

LE CONSULAT

LEÇON

1. Après la chute du Directoire, Bonaparte gouverna la France avec le titre de consul.

2. Le Consulat fut une époque glorieuse. A l'intérieur, les grandes institutions du Code civil, du Concordat et de la Légion d'honneur furent fondées.

3. Bonaparte vainquit l'Autriche en Italie, à la bataille de Marengo, tandis que Moreau remportait en Allemagne la victoire de Hohenlinden.

4. L'Autriche signa le traité de Lunéville; l'Angleterre elle-même consentit à la paix d'Amiens (1802).

RÉCIT

1. Le Consulat. — Après la chute du Directoire, le gouvernement de la France fut confié à trois consuls. Bonaparte, nommé premier consul, disposa de tout le pouvoir.

2. Pacification de la France. — Son pre-

mier soin fut de pacifier les partis qui déchiraient le
pays de leurs divisions et de leur haine. « Je veux,
dit-il, qu'il n'y ait plus en France que des Français. »
Il rappela tous les exilés, abrogea les lois terribles
que la Convention avait adoptées dans un moment de
danger, ouvrit les églises au culte catholique et fit
sortir les prêtres des prisons.

Bonaparte.

3. Institutions du Consulat. — Trois grandes
institutions datent du Consulat : le Code civil, qui
assurait les principes de la Révolution ; le Concordat,
qui réglait les rapports de l'Etat avec Rome ; la Légion
d'honneur, qui récompensait les services publics.

4. La guerre avec l'Autriche. — Le pre-
mier consul donna à la guerre une vigoureuse impulsion. Il lança deux armées contre l'Autriche : l'une,

en Allemagne, était commandée par Moreau ; l'autre devait franchir les Alpes et combattre en Italie. Il en prit lui-même le commandement.

5. Passage du Saint-Bernard. — Après avoir réuni au pied des Alpes une formidable armée, et surveillé avec sa vigilance ordinaire tous les préparatifs de l'expédition, Bonaparte gravit le grand Saint-Bernard.

6. Desaix à Marengo (1800). — Bonaparte avait conduit l'armée avec une telle rapidité, que les Autrichiens, surpris en Italie, furent forcés de livrer une grande bataille. Le combat s'engagea près d'Alexandrie, dans la plaine de Marengo. Il fut défavorable aux Français.

Soldat de la Révolution.

Les Autrichiens croyaient tenir la victoire. Tout à coup le général Desaix arriva avec de nouvelles troupes. Le combat recommença. Desaix, à la tête de la neuvième demi-brigadé d'infanterie légère, qui ce jour-là mérita le titre d'*incomparable*, tomba blessé mortellement aux premiers coups de feu. Ses soldats vengèrent sa mort et remportèrent une éclatante victoire.

7. Moreau à Hohenlinden. — En Allemagne, Moreau frappait un coup décisif. Il surprit l'armée autrichienne dans la grande forêt de Hohenlinden. Par une habile manœuvre, il cerna les ennemis et les mit en déroute. Ney, à la tête de la cavalerie, poursuivit les fuyards. Cette belle victoire décida l'Autriche à signer la paix.

8. Traité de Lunéville. — La paix fut signée à Lunéville. L'Autriche reconnaissait de nouveau à la France la possession de la rive gauche du Rhin et abandonnait tous ses droits sur l'Italie.

9. La paix d'Amiens (1802). — L'Angleterre continua la guerre quelques mois encore. Mais, après l'évacuation de l'Egypte par les Français, elle se décida à traiter. La paix d'Amiens restituait à la France et à ses alliés les colonies conquises. La seconde coalition était vaincue comme la première.

LECTURE. — Bonaparte franchit le Saint-Bernard.

Bonaparte gravit le Saint-Bernard, monté sur un mulet, revêtu de cette enveloppe grise qu'il a toujours portée, conduit par un guide du pays. Il interrogeait le conducteur qui l'accompagnait, se faisant conter sa vie, ses plaisirs, ses peines, comme un voyageur oisif qui n'a pas mieux à faire.

Ce conducteur, qui était tout jeune, lui exposa naïvement les particularités de son obscure existence et surtout le chagrin qu'il éprouvait de ne pouvoir, faute d'un peu d'aisance, épouser l'une des filles de cette vallée.

Le premier consul, tantôt l'écoutant, tantôt questionnant les passants dont la montagne était remplie, parvint à l'hospice, où les bons religieux le reçurent avec empressement. A peine descendu de sa monture, il écrivit un billet qu'il confia à son guide, en lui recommandant de le remettre exactement à l'administrateur de l'armée, resté de l'autre côté du Saint-Bernard. Le soir, le jeune homme, retourné à Saint-Pierre, apprit avec surprise quel puissant voyageur il avait conduit le matin, et sut que le général Bonaparte lui faisait donner un champ, une maison, les moyens de se marier enfin et de réaliser tous les rêves de sa modeste ambition.

EXERCICES ORAUX ET ÉCRITS

1. Qu'est-ce que le Consulat? — 2. Quelles mesures prit le premier consul pour pacifier la France? — 3. Quelles sont les institutions du Consulat? — 4. Avec qui Bonaparte fit-il la guerre? — 5. Racontez le passage du Saint-Bernard. — 6. Quelle fut la conduite de Desaix à Marengo? — 7. Qui a gagné la bataille de Hohenlinden? — 8. Quel traité mit fin à la guerre? — 9. Comment se termina la seconde coalition?

Gravure. — Bonaparte franchit le Saint-Bernard.

Explication des mots. — *Abroger une loi*, annuler une loi. — *Saint-Bernard*, montagne et passage des Alpes, célèbre par son hospice.

Napoléon couronné empereur.

II

L'EMPIRE. — LES VICTOIRES

LEÇON

1. L'Empire, qui succéda au Consulat, fut une longue lutte contre l'Europe. L'Angleterre fut l'inspiratrice de toutes les coalitions.

2. Pendant la troisième coalition, l'Autriche, vaincue à la bataille d'Austerlitz (1805), signa la paix de Presbourg.

3. La quatrième coalition ne fut pas plus heureuse. La Prusse fut vaincue à Iéna (1806); la Russie à Eylau et à Friedland. La paix fut signée à Tilsitt (1807).

4. L'Autriche, vaincue de nouveau à Wagram, signa la paix de Vienne (1809).

Ce fut l'époque la plus brillante de l'Empire.

RÉCIT

1. Napoléon Ier, empereur. — Le consul Bonaparte fut proclamé empereur, sous le nom de Napoléon Ier.

Le 2 décembre 1804, le pape Pie VII présida la cérémonie du sacre dans la cathédrale de Notre-Dame. Napoléon reçut l'huile sainte des mains du pontife, mais il prit vivement la couronne impériale, se la posa sur la tête, puis couronna l'impératrice Joséphine.

2. Troisième coalition. — L'Angleterre, cette indomptable ennemie de la France, forma une troisième coalition. Napoléon voulut l'atteindre dans son île. Il prépara au camp de Boulogne un projet de descente en Angleterre. Mais ce projet échoua.

3. Capitulation d'Ulm. — Napoléon se tourna alors contre l'Autriche. En quelques jours il pénétra en Allemagne avec une armée de cent mille hommes, força le général autrichien Mack à capituler dans la forteresse d'Ulm avec toute son armée, et entra dans Vienne, la capitale de l'Autriche.

4. Victoire d'Austerlitz (1805). — Napoléon apprit que l'empereur d'Autriche et l'empereur de Russie avaient réuni leurs armées. Il marcha contre eux et les atteignit près du village d'Austerlitz.

Soldat de l'Empire.

La veille de la bataille il reconnut les dispositions des ennemis et s'écria : « Cette armée est à moi ! »

La bataille s'engagea le **2** décembre 1805, jour anniversaire du sacre de Napoléon. Les soldats russes, poursuivis par nos grenadiers, se réfugièrent sur des étangs glacés. La glace, brisée à coups de canon, s'entr'ouvrit, et les étangs engloutirent une partie de l'armée ennemie. Napoléon félicita ses soldats : « Je suis content de vous, leur dit-il, vous avez couvert vos aigles d'une gloire immortelle. »

Avec le bronze des canons pris à l'ennemi, Napoléon fit élever à Paris la colonne Vendôme.

5. Traité de Presbourg. — Cette brillante victoire força l'Autriche à signer le traité de Presbourg.

Ce traité mit fin à l'ancien empire d'Allemagne.

6. Quatrième coalition. — L'Angleterre, victorieuse sur mer à la bataille de Trafalgar, avait formé avec la Prusse et la Russie une quatrième coalition.

7. Victoire d'Iéna (1806). — Napoléon voulut d'abord frapper la Prusse. Il pénétra avec deux cent mille hommes dans la vallée de l'Elbe.

Deux batailles se livrèrent le même jour. Napoléon battit les Prussiens sur le plateau d'Iéna ; à la même heure, Davoust se heurta aux forces du duc de Brunswick, près du village d'Auerstaedt.

Brunswick fut blessé mortellement. Le roi de Prusse dut battre en retraite, laissant vingt et un mille morts et dix-huit mille prisonniers.

8. Les Français à Berlin. — Quelques jours après, Napoléon, avec la Grande Armée, faisait son entrée dans Berlin. Il envoya aux Invalides, comme un glorieux trophée, l'épée du grand Frédéric.

C'est de Berlin que Napoléon data son fameux décret de blocus continental. Il interdisait aux Anglais l'entrée de tous les ports européens.

Ce décret ne pouvait être exécuté que si Napoléon était maître de l'Europe entière.

Napoléon à Eylau.

9. Bataille d'Eylau (1807). — L'empereur, après avoir vaincu la Prusse, marcha contre la Russie. Il attaqua l'armée russe dans la plaine d'Eylau. La journée fut meurtrière. On se battit avec acharnement, au milieu des tourbillons de neige qui aveuglaient nos soldats. Les brillantes attaques de Murat, de Ney et de Davoust, l'héroïque résistance d'Augereau nous valurent la victoire. Mais elle fut chèrement payée.

10. Bataille de Friedland. — Une seconde bataille se livra le 14 juin 1807. « C'est un jour de bonheur, dit l'empereur, l'anniversaire de Marengo. » Ce fut une déroute complète pour les Russes; tandis qu'ils étaient attaqués au centre par Mortier et Lannes, Ney brûla les ponts de Friedland et coupa la retraite. L'empereur, en voyant Ney s'élancer au milieu de la ville incendiée et courir au danger comme à une fête, se retourna vers le maréchal Mortier : « Cet homme est un lion, » dit-il.

11. Napoléon et Alexandre à Tilsitt. — Après cette défaite, l'empereur de Russie demanda la paix. Une entrevue eut lieu entre les deux empereurs, sur un radeau, au milieu du Niémen. « Je hais les Anglais autant que vous, dit Alexandre en embrassant Napoléon. — En ce cas, la paix est faite. »

C'est là que fut signée la paix de Tilsitt, qui mit fin à la quatrième coalition. La Prusse fut démembrée. Ses États furent réduits de moitié.

12. Cinquième coalition. — L'Angleterre, notre implacable ennemie, fit avec l'Autriche une cinquième coalition. Napoléon leva une nouvelle armée : et, après une marche rapide, signalée par des victoires, il entra dans Vienne.

13. Lannes et Masséna à Essling. — Maître de Vienne, Napoléon voulut atteindre l'archiduc Charles, qui était campé avec cent mille hommes sur la rive gauche du Danube. Des ponts furent jetés sur le fleuve; une partie de l'armée, avec Lannes et Masséna, avait déjà passé sur la rive gauche, lorsqu'une crue subite coupa le pont de bateaux. Isolés du gros de l'armée, Lannes et Masséna se défendirent contre toutes les forces de l'archiduc Charles dans les villages d'Essling et d'Aspern.

Cette défense nous coûta cher ; Lannes fut atteint

mortellement par un boulet qui lui fracassa les genoux.

14. Bataille de Wagram (1809). — Napoléon prit ses mesures pour une nouvelle attaque. Dans la nuit du 4 au 5 juillet, il franchit le Danube. L'archiduc Charles fut mis en déroute dans la plaine de Wagram.

L'Autriche avait perdu sa dernière armée. Elle dut signer la paix de Vienne; elle perdit une partie de son territoire.

15. Puissance de Napoléon Ier. — Après la paix de Vienne, en 1810, la puissance de Napoléon était arrivée à son apogée. Il était maître d'un empire deux fois plus vaste que la France actuelle; et il avait distribué à tous ses frères des couronnes royales.

Joseph Bonaparte régnait en Espagne, Louis Bonaparte en Hollande, Eugène Beauharnais, fils adoptif de l'empereur, était vice-roi d'Italie, Murat, son beau-frère, était roi de Naples, et Jérôme Bonaparte, roi de Westphalie.

Napoléon avait divorcé avec l'impératrice Joséphine, et s'était marié avec l'archiduchesse d'Autriche, Marie-Louise. De ce mariage naquit un fils, qui fut le roi de Rome.

Aussi Napoléon était véritablement le dominateur de l'Europe.

LECTURE. — **La veille d'Austerlitz.**

Rien ne peut dépeindre l'enthousiasme des soldats quand ils reconnurent l'empereur. Des fanaux de paille furent mis en un instant au haut de milliers de perches, et quatre-vingt mille hommes se présentèrent au-devant de l'empereur, en le saluant par des acclamations; les uns pour fêter l'anniversaire de son couronnement, les autres disant que l'armée donnerait le lendemain son bouquet à l'empereur. Un des plus vieux grenadiers s'approcha de lui et lui dit : « Sire, tu n'auras pas besoin de t'exposer. Je te promets, au nom des grenadiers de l'armée, que tu n'auras à combattre que des yeux et que nous t'amènerons demain les drapeaux de l'artillerie russe pour célébrer l'anniversaire de ton couronnement. »

L'empereur dit en entrant dans son bivouac, qui consistait en une cabane de paille sans toit que lui avaient faite les grenadiers : « Voici la plus belle soirée de ma vie. »

EXERCICES ORAUX ET ÉCRITS

1. Racontez le couronnement de Napoléon Ier. — 2. Qui forma la troisième coalition? — 3. Quelle ville Napoléon fit-il capituler? — 4. Quelle victoire remporta-t-il? — 5. Quel traité mit fin à la troisième coalition? — 6. Qui forma la quatrième coalition? — 7. Quelle défaite subirent les Prussiens? — 8. Racontez l'entrée des Français à Berlin. — 9. Quelles victoires Napoléon remporta sur les Russes? — 10. Qui se distingua à Eylau? — 11. Que se passa-t-il à Tilsitt? — 12. Qui forma la cinquième coalition? — 13. Qui se distingua à Essling? — 14. Quelle victoire prépara la paix de Vienne? — 15. Donner une idée de la puissance de Napoléon en 1810.

Gravure. — Couronnement de Napoléon Ier.

Explication des mots. — *Bivouac*, tentes dressées par les soldats. — *Blocus*, faire le blocus d'un port, c'est interdire l'entrée de ce port. — *Apogée*, point le plus élevé.

Le passage de la Bérésina.

III

L'EMPIRE. — LES FAUTES

LEÇON

1. **L'Empire s'affaiblit par des fautes nombreuses. La première fut la guerre d'Espagne, qui épuisa inutilement nos armées.**

2. **La campagne de Russie inaugura la période des revers et des désastres. La Grande Armée, victorieuse à la Moskowa, entra à Moscou. Mais sa retraite fut lamentable.**

3. **Napoléon, menacé par la sixième coalition, fut vaincu en Allemagne, à la grande bataille de Leipzig (1813).**
La France allait être envahie.

RÉCIT

1. Ambition de Napoléon. — L'Angleterre seule avait résisté à la puissance de la France. Elle était maîtresse de la mer. Napoléon voulut être le maître du continent. Mais son ambition et ses violences devaient soulever contre nous toutes les nations.

2. Les Français en Espagne. — La conquête du Portugal et de l'Espagne fut une première faute. Napoléon chassa facilement de Lisbonne le roi de Portugal, et fit couronner son frère Joseph roi d'Espagne. Mais les Espagnols se soulevèrent en masse, subirent un siège héroïque dans Saragosse ; et, malgré leur défaite, ils ne déposèrent pas les armes.

L'Espagne épuisa par son indomptable résistance les meilleures armées de Napoléon.

3. Les Français en Russie. — L'expédition de Russie fut encore plus désastreuse. Sans doute Napoléon remporta encore de grandes victoires.

Il vainquit les Russes à Mohilew, à Smolensk, à la Moskowa. Les Français entrèrent à Moscou ; mais là ville, incendiée par ordre du gouverneur, n'offrait plus qu'un amas de ruines. Le palais du czar, le Kremlin, seul avait été épargné.

Il fallut songer à la retraite !

4. La retraite de Russie. — On était arrivé aux premiers jours d'octobre. L'hiver s'annonçait rigoureux. Nos soldats, engourdis par le froid, se traînaient péniblement dans les champs couverts de neige. Les malades et les blessés étaient abandonnés. Les retardataires étaient tués par les cosaques, dont les bataillons agiles harcelaient notre arrière-garde. Un homme, en ces jours de revers, se montra plus grand encore que notre infortune, ce fut Ney, le héros de la Moskowa.

5. Le passage de la Bérésina. — L'armée arriva enfin à la Bérésina. Des ponts avaient été construits sur la rivière par les braves pontonniers du général Eblé, qui travaillaient au milieu des glaçons. Une partie de l'armée avait déjà passé lorsque les ponts furent rompus. La Bérésina engloutit une multitude de soldats.

6. La sixième coalition. — L'Europe profita de ces désastres pour se lever tout entière contre nous. Elle forma la sixième coalition.

7. Bataille de Leipzig (1813). — C'est en Allemagne, près de la ville de Leipzig, que se livra la mémorable bataille que les Allemands ont nommée *la bataille des nations*. Pendant trois jours deux cent mille Français combattirent contre plus de trois cent mille Allemands, Autrichiens et Russes.

Les Français furent vaincus.

8. L'invasion. — L'Allemagne était perdue pour nous. Le sol de la patrie allait être envahi par l'étranger !

LECTURE. — **Le passage de la Bérésina.**

L'armée se traîna péniblement jusqu'à la Bérésina.

Le brave général Eblé et ses héroïques pontonniers construisirent les ponts. L'eau gelait, et il se formait autour de leurs épaules, de leurs bras, de leurs jambes des glaçons qui, s'attachant aux chairs, causaient les plus vives douleurs. Ils souffraient sans se plaindre, sans paraître même affectés, tant leur ardeur était grande.

La foule des traînards, qui n'avait pu encore franchir la rivière, se précipita vers les ponts. On se serrait, on se foulait, on montait sur ceux qui étaient trop faibles pour se soutenir, et on les écrasait sous les pieds.

Pendant la nuit, le passage aurait pu être terminé. Mais les soldats fatigués ne veulent plus abandonner leurs bivouacs. Aussi quand le général Eblé mit le feu aux ponts pour arrêter l'ennemi, il laissait huit mille individus, hommes, femmes et enfants, qui tombèrent dans les mains des cosaques.

EXERCICES ORAUX ET ÉCRITS

1. Pourquoi l'ambition de Napoléon souleva-t-elle l'Europe ? — 2. Que faut-il penser de la guerre d'Espagne ? — 3. Racontez l'expédition de Russie. — 4. La retraite. — 5. Le passage de la Bérésina. — 6. Quelles furent les causes de la sixième coalition ? — 7. Quelle grande bataille perdirent les Français en Allemagne ? — 8. Quelle fut la conséquence de cette défaite ?

Gravure. — La retraite de Russie.

Explication des mots. — *Pontonniers*, soldats qui construisent les ponts.

Le couronnement. — Austerlitz. — Sainte-Hélène.

IV

L'EMPIRE. — LA CHUTE

LEÇON

1. Napoléon, après avoir défendu le territoire dans la mémorable compagne de 1814, signa son abdication au château de Fontainebleau et se retira dans l'île d'Elbe.

2. Les Bourbons furent restaurés en France. Louis XVIII, par ses fautes, mécontenta la nation.

3. Napoléon revint de l'île d'Elbe et rentra à Paris le 20 mars. Pendant cent jours il gouverna encore la France.

4. L'Europe opposa à l'Empire la septième coalition. Vaincu à Waterloo, Napoléon abdiqua une seconde fois et se livra aux Anglais qui l'envoyèrent dans l'île de Saint-Hélène, où il mourut en 1821.

5. L'Empire laissait la France envahie par l'étranger et amoindrie par les traités de 1815.

RÉCIT

1. L'invasion. — Napoléon fit un effort suprême pour sauver la France. Mais le pays, épuisé par tant de guerres, n'aspirait qu'au repos. Le magnifique mouvement qui avait agité le peuple dans les premières années de la Révolution ne se produisit plus.

2. Campagne de France. — Napoléon, avec une petite armée, tint tête pendant deux mois, dans les plaines de la Champagne, aux deux armées de l'Autriche et de la Prusse. Il remporta autant de victoires qu'il livra de combats. Partout, à Saint-Dizier, à Brienne, à Champaubert, à Montmirail, à Montereau, il refoula les ennemis. Il fut cependant forcé de laisser ouverte aux alliés la route de Paris.

3. **Capitulation de Paris** (1814). — Paris se défendit héroïquement. Mais le général Marmont signa une capitulation.

4. **Abdication de Fontainebleau.** — L'empereur, vaincu, se résigna à abdiquer. Avant de quitter la France, il réunit dans la cour du Cheval blanc, au palais de Fontainebleau, les soldats de sa vieille garde, témoins et compagnons de tant de gloire. Il leur fit des adieux touchants, embrassa leur chef, le général Petit, et serra le drapeau sur son cœur.

Puis il alla s'embarquer à Fréjus, pour l'île d'Elbe, dont la souveraineté lui avait été donnée.

5. **La première restauration. — Louis XVIII.** — Les Bourbons revinrent en France. Le comte de Provence, frère de Louis XVI, fut reconnu roi sous le nom de Louis XVIII. Il accorda une sage constitution à la France. Malheureusement les partisans de la royauté compromirent le trône, nouvellement rétabli, par leurs imprudences. Ils mécontentèrent ainsi la nation.

6. **Le retour de l'île d'Elbe.** — Napoléon profita du mécontentement général; il débarqua à Cannes, entra à Grenoble, puis à Lyon. Le maréchal Ney, envoyé pour le combattre, ne sut pas résister au souvenir de son affection pour l'empereur. Napoléon rentra à Paris, le 20 mars. Louis XVIII reprit la route de l'exil.

7. **Défaite de Waterloo** (1815). — L'Europe émue de la chute des Bourbons, forma une septième coalition.

C'est dans la plaine de Waterloo, en Belgique, que

se décidèrent les destinées de la France. D'un côté les Anglais, commandés par Wellington, surnommé, à cause de sa ténacité, *le duc de Fer*, et les Prussiens, commandés par Blücher, surnommé le *général en Avant*; de l'autre, les Français avec Napoléon.

Malgré la défense héroïque de la garde et les attaques désespérées du maréchal Ney, la bataille fut perdue.

8. Seconde abdication de Napoléon. — L'empire était vaincu. Napoléon abdiqua une seconde fois; puis, faisant appel à l'hospitalité britannique, il se rendit à bord du vaisseau anglais, *le Bellérophon*. Déclaré prisonnier de guerre, il fut conduit à Sainte-Hélène, au milieu de l'Océan, sous un ciel brûlant,

9. Napoléon à Saint-Hélène. — C'est là, sur le plateau désert de Longwood, à deux mille lieues du continent européen, sous la garde de sir Hudson Lowe, que se passèrent les six dernières années de celui qui avait été le maître du monde. Quelques amis avaient voulu partager sa captivité. Il écrivit de remarquables mémoires qui furent publiés après sa mort.

10. Mort de Napoléon. — Napoléon mourut le 5 mai 1821. « Je lègue, dit-il, l'opprobre de ma mort à la maison régnante d'Angleterre. »

11. Les traités de 1815. — Les ennemis profitèrent de nos désastres pour démembrer la France. Les traités de 1815 lui enlevèrent toutes ses conquêtes. La République nous avait donné la frontière du Rhin et des Alpes. L'Empire nous la fit perdre.

La France avait payé bien cher l'ambition de Napoléon.

LECTURE. — La bataille de Waterloo.

La bataille s'engagea à midi. Les Anglais commençaient à plier; on pouvait compter sur la victoire. Mais l'arrivée de trente mille Prussiens permit à Wellington de tenir encore. C'est alors que le maréchal Ney, le héros de tant de batailles, fit un suprême effort.

Il était près de sept heures. « Français, dit Ney à ses cavaliers, restés sous la mitraille, tenez ferme, c'est ici que sont les clefs de nos libertés ! »

Six bataillons de grenadiers et de chasseurs, trois mille vétérans conduits par Ney gravissent à leur tour le plateau. Les Anglo-Hollandais voient s'approcher les redoutables bonnets à poil. Mais ils tiennent ferme. Tout à coup une nouvelle ligne se dresse devant nos soldats. « Debout, gardes anglaises, et tirez juste ! » s'écrie Wellington. Les soldats de Maitland, couchés dans les blés, se relèvent et font feu. Le général Michel est tué ; Ney perd son quatrième cheval. Malgré les efforts du brave des braves, la garde, diminuée de moitié, bat en retraite.

En ce moment Blücher arrive avec trente mille Prussiens. Napoléon n'a plus de troupes à lui opposer ; il pâlit, et laisse échapper ce mot fatal : « Maintenant, tout est perdu. » Vainement, il tire l'épée et veut s'élancer dans la mêlée ; on l'entraîna loin du champ de bataille.

La nuit est venue. Un seul carré est encore debout ; il se compose de quatre bataillons de la vieille garde. Le général Cambronne le commande. Sommé de se rendre, il ne répond que par la légendaire parole : « La garde meurt et ne se rend pas. »

EXERCICES ORAUX ET ÉCRITS

1. Quel était l'état de la France en 1814 ? — 2. Racontez la campagne de France. — 3. Qui signa la capitulation de Paris ? — 4. Où Napoléon abdiqua-t-il ? — 5. Qui fut restauré sur le trône ? — 6. Pourquoi Napoléon revint-il de l'île d'Elbe ? — 7. Quelle défaite subit-il ? — 8. Que fit-il après la défaite ? — 9. Où fut-il déporté ? — 10. Quand mourut-il ? — 11. Que devint la France en 1815 ?

Gravure. — Le couronnement. — Austerlitz. — Saint-Hélène.

Explication des mots. — *Restauration*, rétablissement de la royauté légitime.

CONCLUSION. — LA FRANCE EN 1815

La France a payé cher l'ambition de Napoléon.
La Révolution avait donné à la France ses frontières naturelles ; l'Empire les lui a fait perdre.

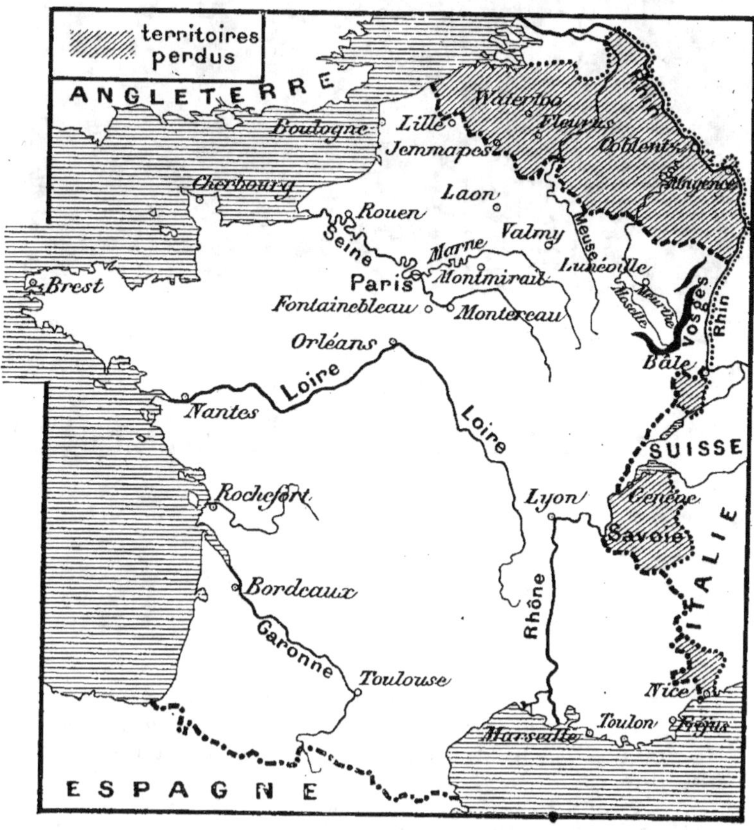

Les frontières de la France en 1800 et en 1815.

Après Waterloo, les étrangers nous enlevèrent Nice,
la Savoie, la Belgique et les provinces du Rhin.

En outre, la France dut payer une contribution de
guerre de 700 millions et subir pendant cinq ans la
présence de cent cinquante mille soldats étrangers.

Vingt ans de guerres avaient abouti à cette humi-
liation et à cette ruine !

La mort du maréchal Ney.

CHAPITRE VI

RESTAURATION ET CHUTE DE LA MONARCHIE

I

LA RESTAURATION

LEÇON

1. Louis XVIII remonta sur le trône en **1815.** Les royalistes persécutèrent les hommes de la Révolution et de l'Empire. **Ney** fut victime de cette terreur blanche.

2. Cependant le roi délivra le territoire de l'occupation étrangère et ramena le calme dans le pays.

3. Charles X, son frère et son successeur, irrita le pays par sa politique ultra-royaliste et par des lois imprudentes. Il fut renversé par la Révolution de **1830.**

RÉCIT

1. La Restauration. — Le gouvernement qui a succédé à l'Empire a pris le nom de Restauration. Il a duré quinze ans, de 1815 à 1830, et comprend les deux règnes de Louis XVIII et de Charles X.

2. Louis XVIII (1815). — Louis XVIII était un prince libéral et d'esprit modéré. Il chercha à pacifier le pays et à rassurer l'opinion publique. Mais les royalistes, moins sages que le roi, poursuivirent de leur haine les hommes de la Révolution et de l'Empire. Une violente réaction éclata.

3. La Terreur blanche. — Dans le Midi, les passions politiques et religieuses se déchaînèrent avec violence. A Avignon, le maréchal Brune fut assassiné par une populace féroce. Le maréchal Ney, le héros de tant de batailles, fut poursuivi et fusillé. Une véritable terreur s'empara du pays ; on l'appela la Terreur blanche.

4. Ministère du duc de Richelieu. — Le roi, plus libéral que les royalistes, avait horreur de tous ces excès ; il favorisa l'établissement d'un gouvernement plus modéré.

Sous le ministère du duc de Richelieu, la France commença à respirer. Les étrangers évacuèrent le territoire, avant le terme fixé, en 1818. « J'ai assez vécu, s'écria Louis XVIII en apprenant cette heureuse nouvelle, puisque j'ai vu la France libre et le drapeau français flotter sur toutes les villes de France. »

5. Assassinat du duc de Berry. — Le duc Decazes, successeur de Richelieu, continua la même politique. Mais un affreux événement précipita sa chute. Le 13 février 1820, le duc de Berry fut assassiné par Louvel, à la porte de l'Opéra. On exploita l'horreur de ce crime contre ce ministre libéral Decazes donna sa démission.

6. Les ultra-royalistes. — Les royalistes les plus violents, ceux qu'on appelait les ultra-royalistes, imposèrent au roi le ministère de Villèle. La réaction recommença. La presse fut frappée avec rigueur, une intervention armée en Espagne rétablit le pouvoir absolu du roi Ferdinand VII.

Les libéraux commencèrent alors à conspirer

contre ce gouvernement autoritaire. La plus célèbre de ces conspirations fut celle des quatre sergents de la Rochelle.

7. Mort de Louis XVIII. — Louis XVIII, prince sage, d'un esprit éclairé, d'un caractère modéré, mais trop faible, voyait avec crainte cette réaction violente. Il redoutait de nouveaux orages pour l'avenir. En 1824, avant de mourir, il dit d'une voix émue, en embrassant son petit-neveu, le duc de Bordeaux : « Que Charles X ménage bien le trône de cet enfant ! »

8. Le roi Charles X (1824). — Charles X était le troisième frère de Louis XVI ; il était connu, avant son avènement, sous le nom de comte d'Artois. C'était un caractère loyal et honnête, mais il avait une telle haine pour tout ce qui rappelait la Révolution et l'Empire qu'il manqua de prudence dans sa politique. Aveuglé par les préjugés, il prit des mesures impopulaires qui hâtèrent la chute de la Restauration.

9. Lois impopulaires. — M. de Villèle favorisa la politique ultra-royaliste de Charles X. Il fit voter des lois impopulaires telles que l'indemnité d'un milliard accordée aux émigrés. Il voulut même rétablir le droit d'aînesse. Le pays, effrayé de cette réaction, nomma des députés plus modérés. Villèle donna sa démission.

10. Ministère de Martignac. — Villèle fut remplacé par M. de Martignac, ministre libéral, qui tenta par de sages mesures de sauver la Restauration. Il voulut donner le droit de vote à un plus grand nombre d'électeurs ; il rendit la liberté à la presse. Malheureusement il donna sa démission, après un vote défavorable de la Chambre. Le roi, qui ne l'aimait pas, l'accepta avec plaisir.

11. Ministère de Polignac. — M. de Polignac, ancien émigré, ami personnel de Charles X, un des chefs des ultra-royalistes, fut nommé premier ministre. La Chambre des députés protesta contre ce choix impopulaire. Deux cent vingt et un députés signèrent une adresse au roi, dans laquelle ils déclaraient que l'accord n'existait plus entre la royauté et la nation.

12. Les ordonnances. — Le roi, irrité, renvoya les députés. Le pays les renomma tous. Alors Charles X fit un coup d'Etat. Par les célèbres ordonnances du 26 juillet, il prononça la dissolution de la Chambre qui ne s'était pas encore réunie ; il supprima la liberté de la presse. Cette violation de la constitution provoqua la révolution de 1830.

13. La révolution de 1830. — Paris se souleva. Pendant trois jours (27, 28, 29 juillet), le peuple dressa des barricades. L'Hôtel de Ville et les Tuileries furent occupés. Les soldats firent cause commune avec le peuple.

Alors Charles X se réfugia au château de Rambouillet, puis en Angleterre, après avoir abdiqué en faveur de son petit-fils, le duc de Bordeaux.

Mais la Chambre des députés ne reconnut pas ce choix. Elle proclama roi le duc d'Orléans, Louis-Philippe.

14. Politique extérieure de la Restauration. — Le gouvernement de la Restauration, malgré ses fautes, n'a pas été sans honneur et sans profit pour la France. Charles X a contribué à l'affranchissement de la Grèce par la victoire de Navarin, remportée, en 1827, sur la flotte turque. Il a commencé la conquête de l'Algérie.

15. Prospérité publique. — L'époque de la Restauration a été prospère. Les agriculteurs et les industriels vendaient bien leurs produits, qui étaient protégés par des tarifs contre la concurrence étrangère

16. Les lettres et les arts. — La Restauration fut aussi une époque florissante pour les lettres et les arts.

Augustin Thierry, Guizot et Thiers écrivaient leurs remarquables histoires ; Chateaubriand faisait paraître ses chefs-d'œuvre ; Lamartine et Victor Hugo publiaient leurs admirables poésies ; Ampère et Arago faisaient de grandes découvertes scientifiques.

Dans les arts, il faut citer les peintres : Ingres, Géricault, Delacroix, Horace Vernet ; les sculpteurs : Rude et David d'Angers ; les musiciens : Rossini et Auber.

LECTURES

1. La mort du maréchal Ney.

Ney, après avoir embrassé, pour la dernière fois, sa femme et ses enfants, se prépara à mourir. A neuf heures du matin, une voiture vint prendre le maréchal pour le conduire au lieu du supplice. Le cortège, traversant le jardin du Luxembourg, s'avança silencieusement dans l'allée de l'Observatoire et s'arrêta bientôt devant un mur. Le maréchal descendit de voiture : sa contenance était ferme ; son regard assuré ; il se tourna vers le peloton qui allait le frapper, et, la tête haute et nue, la main droite sur son cœur, il dit aux soldats : « Mes camarades, tirez sur moi. » Une détonation se fit entendre, le maréchal tomba percé de plusieurs balles, dont trois à la tête.

Ainsi périt par des balles françaises le héros de la Moskowa, qui n'avait pu trouver la mort sur vingt champs de bataille !

2. Les Français en Grèce.

La France s'est toujours dévouée pour les faibles et les opprimés. Elle a été la *France libératrice* et ses soldats ont été, pendant la Révolution, les soldats du droit.

Sous la Restauration, elle n'a pas renoncé à ses généreuses traditions.

Quand la Grèce, qui avait si longtemps souffert sous la tyrannie des Turcs, prit les armes pour s'affranchir de ses oppresseurs, la France fut de cœur avec elle. Nos poètes Casimir Delavigne, Victor Hugo, Lamartine, célébrèrent les exploits des Grecs. Nos soldats et nos marins combattirent pour eux. Tandis qu'un détachement français occupait Athènes, nos vaisseaux attaquaient et brûlaient la flotte turque dans la rade de Navarin.

La France a contribué à l'indépendance de la Grèce.

EXERCICES ORAUX ET ÉCRITS

1. Qu'est-ce que la Restauration? — 2. Quel était le caractère de Louis XVIII? — 3. Qu'est-ce que la Terreur blanche? — 4. Sous quel ministre la France fut-elle pacifiée? — 5. Quelle fut la conséquence de l'assassinat du duc de Berry? — 6. Qu'appelle-t-on les ultra-royalistes? — 7. Quelles étaient les craintes de Louis XVIII? — 8. Quel était le caractère de Charles X? — 9. Quelles lois impopulaires furent votées? — 10. Quel ministère libéral essaya d'arrêter la réaction? — 11. Par qui fut-il remplacé? — 12. Qu'est-ce que les ordonnances? — 13. Parlez de la révolution de 1830? — 14. Quelle a été la politique extérieure de la Restauration? — 15. Le pays a-t-il été prospère? — 16. Citez les hommes célèbres de ce temps.

Gravure. — La mort du maréchal Ney.

Explication des mots. — *Terreur blanche*, ainsi appelée du nom des royalistes, qu'on appelait les blancs, par opposition aux hommes de la Révolution, qu'on appelait les rouges. — Le *duc de Berry* était le second fils du roi Charles X.

La révolution de Juillet 1830.

II

LE RÈGNE DE LOUIS-PHILIPPE

LEÇON

1. Louis-Philippe, duc d'Orléans, proclamé roi après la révolution de Juillet, était un prince libéral et ami de la paix.

2. Les principaux ministres de ce règne furent Casimir Périer, Thiers et Guizot.

3. A l'intérieur, le gouvernement eut à lutter contre les insurrections et les complots.

4. A l'extérieur, Louis-Philippe fut partisan de la paix. Cependant il intervint en Belgique, dont l'indépendance fut reconnue ; et il continua la conquête de l'Algérie.

5. Louis-Philippe fut renversé par la révolution de février 1848, qui proclama la République.

RÉCIT

1. Louis-Philippe. — Le duc d'Orléans, proclamé lieutenant général du royaume pendant la révolution de Juillet, fut reconnu roi par la Chambre des députés ; il prit le nom de Louis-Philippe Iᵉʳ.

Le nouveau roi avait défendu, pendant toute sa vie, les principes libéraux. En 1792, il avait combattu à la tête de nos volontaires, à Valmy et à Jemmapes. Il apportait au trône un esprit éclairé, une grande expérience, des goûts simples et modestes.

2. Les ministres de Louis-Philippe. — Parmi les principaux ministres de Louis-Philippe, trois surtout ont laissé un grand souvenir : Casimir Périer, Thiers et Guizot.

3. Casimir Périer. — Casimir Périer se montra à la fois ferme et libéral. Scrupuleux observateur de la loi, il voulut la faire respecter par tous les partis. Il mourut en 1832, emporté par la terrible épidémie de choléra qui fit à Paris plus de vingt mille victimes.

4. Thiers et Guizot. — Thiers et Guizot furent de grands orateurs et des hommes d'Etat habiles. Mais ils étaient souvent en lutte et se disputaient le

Guizot.

pouvoir. Thiers était plus partisan des réformes et plus disposé à une action énergique à l'étranger; Guizot était plus conservateur et plus attaché à la paix.

Guizot, dont la politique plaisait davantage au roi, conserva le pouvoir de 1840 à 1848.

5. La politique intérieure. — Les dix premières années du règne de Louis-Philippe furent une lutte continuelle contre les partis, qui organisaient des insurrections ou des émeutes. La vie même du roi fut menacée par de nombreux attentats.

6. La machine infernale. — Le plus fameux de ces attentats fut celui qu'organisa le Corse Fieschi, avec une machine formée de vingt-cinq canons de fusil. Le roi, escorté de ses trois fils, de quatre ministres, de deux maréchaux, suivait le boulevard du Temple, pour aller passer la revue de la garde nationale, lorsqu'une grêle de balles répandit la mort dans son entourage. Quarante et une personnes furent atteintes.

7. La politique extérieure. — Louis-Philippe chercha surtout à maintenir la paix avec toutes les puissances. Il fit souvent, pour éviter la guerre, des sacrifices qui parurent pénibles à l'amour-propre national. Ainsi il abandonna notre allié le vice-roi d'Egypte pour ne pas mécontenter l'Angleterre.

8. Intervention de la France. — Cependant, la politique de Louis-Philippe a été quelquefois énergique. Ainsi le roi intervint en Belgique. Les Français, après le mémorable siège d'Anvers, firent reconnaître l'indépendance de ce pays.

Enfin, c'est sous le règne de Louis-Philippe que fut faite la conquête de l'Algérie.

9. La mort du duc d'Orléans. — En 1842, un grand malheur frappa la famille royale. Le duc d'Orléans périt victime d'un affreux accident. Le prince allait en voiture à Neuilly; ses chevaux s'emportèrent, il voulut se jeter hors de sa voiture et il eut la tête fracassée.

10. La réforme électorale. — Depuis longtemps, l'opposition réclamait une réforme électorale. On demandait que tous les citoyens qui étaient capables, par leur intelligence, de prendre part aux affaires publiques, fussent électeurs. Guizot s'opposa à toute réforme.

11. La révolution de 1848. — Le pays fut vivement agité par l'opposition. A Paris, une insurrection éclata, le 23 février 1848. Le lendemain, l'émeute était maîtresse de la capitale. Le roi quitta les Tuileries ; à l'Assemblée, Lamartine proposa de nommer un gouvernement provisoire. Les membres du nouveau gouvernement vinrent s'installer à l'Hôtel de Ville ; ils proclamèrent la République.

12. La France sous le règne de Louis-Philippe. — Malgré les fautes commises, le règne de Louis-Philippe a marqué une époque de prospérité et de progrès. L'agriculture, le commerce et l'industrie ont été favorisés par le réseau de nos grandes lignes de chemin de fer ; par l'installation de la télégraphie électrique, et enfin par les expositions régulières des produits industriels.

13. Les lettres, les sciences et les arts. — Le règne de Louis-Philippe compta des hommes illustres dans les lettres, les sciences et les arts : le chimiste Dumas, l'astronome Le Verrier ; les historiens Michelet et Edgar Quinet, les philosophes Comte et Littré, les romanciers Alexandre Dumas (père), George Sand, Balzac, les poètes Alfred de Musset et Théophile Gautier ; les peintres Horace Vernet et Corot, les musiciens Halévy et Félicien David, les sculpteurs Pradier et David d'Angers.

LECTURES

1. Le retour des cendres de Napoléon Ier (1840).

Une des scènes les plus grandes de cette époque fut l'entrée à Paris des cendres de Napoléon Ier. Le prince de Joinville avait été chargé par son père d'aller recueillir ces glorieux restes. Au mois de décembre 1840, la frégate *la Belle Poule*, que montait le prince, les amena à Cherbourg. Ils furent transportés sur le bateau à vapeur *la Normandie*, qui remonta la Seine et les amena à Paris le 15 décembre. Lorsque le cercueil parut dans la cour des Invalides, porté par des marins et des soldats de la vieille garde, la foule se découvrit avec des acclamations et des larmes. Louis-Philippe attendait l'arrivée du cortège dans l'église des Invalides. Le prince de Joinville, précédant le cercueil, s'adressa au roi et lui dit : « Sire, je vous présente le corps de l'empereur Napoléon 1er. — Je le reçois au nom de la France, » répondit le roi. Le dix-neuvième siècle n'avait pas vu de spectacle d'une aussi solennelle grandeur.

BRISSAUD, Histoire contemporaine.

2. Les Français en Belgique.

La France qui, sous la Restauration, avait contribué à l'indépendance de la Grèce, a assuré, sous le règne de Louis-Philippe, l'indépendance de la Belgique.

La Belgique avait été réunie à la Hollande par les traités de 1815. Elle n'avait cessé de protester contre cette réunion contraire à sa race, à ses mœurs, à sa langue, à sa religion. En 1830, en même temps qu'éclatait notre révolution, elle prit les armes au chant de la *Marseillaise.*

Une armée française, commandée par le maréchal Gérard, fut envoyée au secours des Belges. Elle chassa les Hollandais de la citadelle d'Anvers, après un siège mémorable.

Les Belges, devenus libres, élurent pour roi un prince allemand, Léopold, qui épousa une fille de Louis-Philippe.

Ainsi fut constitué le royaume de Belgique.

3. Les grandes inventions et les progrès matériels.

C'est sous le règne de Louis-Philippe que les grandes inventions de ce siècle ont eu leur application. Elles ont amené de grands changements dans la vie des hommes et elles ont provoqué d'immenses progrès dans l'industrie et le commerce.

En 1842 commença l'établissement de nos grandes lignes de chemins de fer. Quelle révolution! Il fallait plusieurs jours pour aller, en voiture, de Paris à Marseille. Désormais l'espace fut franchi en quelques heures.

En 1844, la première ligne télégraphique fonctionna entre Paris et Rouen. Bientôt toutes les villes furent reliées entre elles. En quelques minutes, on put correspondre d'un point extrême de la France à l'autre.

Cette facilité et cette rapidité de communication donnèrent au commerce une impulsion considérable. En même temps, de puissantes machines à vapeur se substituèrent au travail manuel de l'homme. Une machine accomplissait plus vite l'œuvre qui eût exigé l'effort de centaines et de milliers d'ouvriers.

Ainsi se créèrent les grandes industries.

La vapeur et l'électricité ont donné naissance à ces merveilleuses découvertes qui ont révolutionné le monde.

EXERCICES ORAUX ET ÉCRITS

1. Quel était le caractère de Louis-Philippe? — 2. Quels furent ses principaux ministres? — 3. Qu'est-ce que Casimir Périer? — 4. Quelle fut la politique de Thiers et de Guizot. — 5. Quelles furent les difficultés intérieures? — 6. Quel fut le plus célèbre des attentats contre le roi? — 7. Quelle fut la politique extérieure? — 8. De quel pays la France fit reconnaître l'indépendance? — 9. Comment est mort le duc d'Orléans? — 10. Quelle réforme électorale demandait-on? — 11. Qu'est-ce que la Révolution de 1848? — 12. Pourquoi la France fut-elle prospère sous ce règne? — 13. Quels sont les hommes célèbres de ce temps?

Gravure. — La révolution de 1830.

Explication des mots. — *Electeur*, le citoyen qui vote pour l'élection des députés ou des magistrats municipaux.

La prise d'Alger.

III

LES FRANÇAIS EN ALGÉRIE

LEÇON

1. La conquête de l'Algérie, commencée sous le règne de Charles X, a été continuée sous le règne de Louis-Philippe.

2. Le plus redoutable ennemi de la France fut l'émir Abd-el-Kader. Notre armée était commandée par de vaillants généraux, le maréchal Bugeaud et le duc d'Aumale. Elle s'empara de Constantine, vainquit Abd-el-Kader près de l'Isly et le força à se rendre.

3. Après la conquête, la France a cherché à coloniser ce beau pays, qui comprend trois départements : Alger, Oran et Constantine.

RÉCIT

1. L'Algérie. — La conquête de l'Algérie, notre belle colonie de l'Afrique, a été commencée sous le règne de Charles X et s'est poursuivie sous le règne de Louis-Philippe.

2. La prise d'Alger. — En 1827, le consul de France fut frappé par le dey d'Alger d'un coup d'éventail au visage. Le gouvernement français demanda vainement réparation. Une expédition militaire partit de Toulon. Le 5 juillet, nos soldats s'emparèrent d'Alger.

3. Les premiers succès. — Les villes de Bône, Oran, Médéah furent occupées par les Français, de 1830 à 1833. En même temps on organisait de nouveaux régiments pour préparer la conquête : les zouaves, les chasseurs d'Afrique, la légion étrangère.

4. L'émir Abd-el-Kader. — La France allait rencontrer un ennemi redoutable.

Abd-el-Kader était né en 1817, près de Mascara. Fils d'un marabout vénéré, il prit bientôt lui-même le titre de *marabout* (saint) et d'*émir* (prince). Un

Abd-el-Kader.

pèlerinage à la Mecque accrut la vénération qu'il avait inspirée aux Arabes. A son retour, il trouva Alger en possession des Français, et il résolut de les chasser de l'Afrique.

5. La prise de Constantine (1837). — Une première expédition contre la forte place de Constantine échoua. La ville, située sur un rocher escarpé, protégée par un ravin profond, dans lequel coule le Rummel, opposa à une armée insuffisante une résistance facile. Il fallut battre en retraite.

Le général Damrémont prépara une nouvelle expédition. Il arriva devant Constantine le 6 octobre. Le 9, toutes nos batteries ouvraient le feu; le 13, la place tombait en notre pouvoir après un mémorable assaut. Le général Damrémont fut tué pendant le siège.

6. Le maréchal Bugeaud. — Le maréchal Bugeaud poursuivit avec énergie la conquête de l'Algérie. Il disposait d'une armée de cent mille hommes, commandés par des généraux intrépides, Lamoricière, Changarnier, le duc d'Aumale.

7. Prise de la smalah d'Abd-el-Kader. — Le duc d'Aumale fit, en 1843, une action d'éclat. Avec cinq cents chevaux, il enleva la *smalah* d'Abd-el-Kader, c'est-à-dire sa famille, ses enfants, ses serviteurs, ses bagages, ses troupeaux, qui campaient près du Chéliff, sous la protection de cinq mille hommes. L'émir, qui s'était sauvé à grand'peine

Prise de la Smalah.

avec sa mère et sa femme, se réfugia dans le Maroc.

8. Victoire de l'Isly (1844). — Abd-el-Kader souleva contre nous l'empereur du Maroc.

Une bataille importante se livra près de la frontière du Maroc, sur les bords de l'Isly. Notre artillerie jeta le désordre dans la cavalerie marocaine. Le fils de l'empereur s'enfuit avec tous ses officiers. Cette brillante victoire du maréchal Bugeaud nous assurait la soumission d'un grand nombre de tribus de l'Algérie.

9. Soumission d'Abd-el-Kader. — Abd-el-Kader, après avoir essayé vainement de soulever une révolution dans le Maroc, était revenu en Algérie. Le général Lamoricière, avec des troupes supérieures, le cerna et lui coupa toute retraite vers le désert. Abd-el-Kader se rendit avec toute sa famille.

10. Colonisation de l'Algérie. — La conquête de l'Algérie a continué de 1848 à nos jours. Elle n'a été achevée qu'après la soumission complète des tribus kabyles.

Chasseur d'Orléans.

L'Algérie forme aujourd'hui les trois départements d'Alger, Oran et Constantine.

LECTURE. — L'épisode de Mazagran.

Un acte héroïque, qui eut en France un grand retentissement, surexcita le courage de notre armée ; cent vingt-trois hommes, commandés par le capitaine Lelièvre, furent cernés dans la ville de Mazagran par douze mille Arabes. Pendant quatre jours et quatre nuits, ils se défendirent dans les maisons du village et forcèrent cette armée à battre en retraite.

EXERCICES ORAUX ET ÉCRITS

1. Quand a commencé la conquête de l'Algérie? — 2. Quelle est la cause de la guerre? — 3. Quels sont nos premiers succès? — 4. Qu'est-ce qu'Abd-el-Kader? — 5. Racontez la prise de Constantine. — 6. Quel fut le plus célèbre général français? — 7. Qui s'empara de la smalah d'Abd-el-Kader? — 8. Quelle fut la victoire du maréchal Bugeaud? — 9. A qui se rendit Abd-el-Kader? — 10. Quels sont les départements de l'Algérie?

Gravure. — Prise d'Alger par l'armée française.

Exercices sur la carte. —Voyez, sur la carte, les noms cités dans le chapitre: *Alger, Constantine, Oran, Bône, Médéah, Mazagran*, le *Maroc*.

Le suffrage universel.

IV

LA RÉPUBLIQUE DE 1848

LEÇON

1. Le gouvernement provisoire proclama la République et décréta l'établissement du suffrage universel.

2. L'Assemblée constituante lutta contre la terrible insurrection de juin, qui fut vaincue par le général Cavaignac.

3. Louis-Napoléon Bonaparte, élu président de la République, fit un coup d'Etat le 2 décembre 1851, et, l'année suivante, il rétablit l'Empire.

RÉCIT

1. Le suffrage universel et la République. — Un des premiers actes du gouvernement fut de décréter le suffrage universel.

Le peuple, appelé pour la première fois à jouir du droit de voter, nomma une Chambre de représentants dévoués aux institutions républicaines. Ce fut l'Assemblée constituante.

2. Lamartine et le drapeau tricolore. — Les ouvriers, sans pain et sans ouvrage, avaient pris pour emblème le drapeau rouge. Lamartine repoussa le drapeau rouge avec une indignation éloquente.

« Citoyens, dit-il, le drapeau tricolore a fait le tour du monde avec la République et l'Empire, avec vos libertés et vos gloires, tandis que le drapeau rouge n'a fait que le tour du Champ de Mars, traîné dans le sang du peuple. »

3. **Les journées de juin.** — Malheureusement les ouvriers ne se laissèrent pas conduire par des conseillers aussi sages. Une émeute terrible éclata; elle prit les proportions d'une odieuse guerre civile. Pendant cinq jours, on se battit dans les rues de Paris avec un acharnement impitoyable. Ces journées de juin coûtèrent la vie à plusieurs milliers de soldats, à sept généraux et à l'archevêque de Paris, Mgr Affre.

4. **Le général Cavaignac.** — L'émeute fut réprimée par le général Cavaignac, dont le caractère ferme et honnête aurait dû rassurer les esprits.

5. **Présidence de Louis-Napoléon.** — Mais le peuple fut effrayé de ces émeutes sanglantes; les intérêts étaient alarmés. Une réaction se produisit dans le pays. Aussi les électeurs nommèrent à une forte majorité le prince Louis-Napoléon (10 décembre 1848).

6. **Désaccord du président et de l'Assemblée législative.** — Le président eut bientôt à lutter contre l'Assemblée législative qui avait remplacé l'Assemblée constituante. Cette assemblée, nommée par la réaction qui suivit les journées de juin, était composée de partisans des royautés déchues. Elle favorisa par ses imprudences l'ambition du président.

7. **Coup d'Etat du 2 décembre.** — Dans la nuit du 2 décembre 1851, les représentants du peuple furent arrêtés, l'Assemblée nationale fut dissoute, et le Palais-Bourbon, où elle siégeait, fut occupé militairement. Le lendemain, des barricades s'élevèrent dans quelques rues de Paris; elles furent enlevées par les troupes. Une terrible fusillade balaya les boulevards.

8. Napoléon III, empereur. — Les pouvoirs du président furent prorogés de dix ans. L'année suivante, un plébiscite rétablissait la dignité impériale en faveur de Louis-Napoléon, qui prenait le titre de Napoléon III (2 décembre 1852).

LECTURE. — Le suffrage universel.

Le suffrage universel, établi par la république de 1848, est encore aujourd'hui la loi électorale de la France.

Tout Français âgé de vingt et un ans a le droit de voter, s'il n'a pas subi une condamnation qui le prive de ses droits politiques.

On vote pour nommer les conseillers municipaux qui administrent avec le maire les affaires de la commune; les conseillers d'arrondissement et les conseillers généraux qui administrent avec le sous-préfet et le préfet les affaires du département; les députés qui font et votent les lois générales.

Le suffrage universel permet à tout citoyen de prendre part aux affaires publiques et d'exprimer pacifiquement et légalement son opinion. Aussi toute révolution, sous un pareil régime, est condamnable.

EXERCICES ORAUX ET ÉCRITS

1. Quels furent les principaux actes du gouvernement provisoire? — 2. Rappeler le mot de Lamartine sur le drapeau rouge. — 3. Racontez les journées de juin. — 4. Par qui l'insurrection fut-elle réprimée? — 5. Qui fut nommé président de la République? — 6. Avec quelle assemblée le président fut-il en désaccord? — 7. Qu'est-ce que le coup d'Etat du 2 décembre? — 8. Comment l'Empire fut-il rétabli?

Gravure. — Le vote des citoyens.

Explication des mots. — *Suffrage universel*, acte de tous les citoyens. — *Plébiscite*, loi votée par le peuple.

La prise de Sébastopol.

CHAPITRE VII

LE SECOND EMPIRE

I

LA GUERRE DE CRIMÉE

LEÇON

1. Sous le gouvernement absolu de Napoléon III, les guerres ont été fréquentes. La première fut la guerre de Crimée.

2. Nos soldats, vainqueurs au combat de l'Alma, s'emparèrent de Sébastopol après un siège mémorable (1856).

3. La paix fut signée à Paris. La France et la Russie sont devenues alliées.

RÉCIT

1. L'empire. — L'empereur Napoléon III disposa d'une autorité souveraine. Il nommait les membres du conseil d'Etat et du sénat ; il désignait et recommandait aux électeurs les candidats à la députation. Les libertés publiques étaient supprimées. Ce régime de gouvernement absolu dura dix-huit ans.

2. Les guerres. — « L'Empire, c'est la paix ! »

avait dit Napoléon III au début de son règne. L'Empire fut au contraire une guerre continuelle, et ce fut la cause de sa ruine.

3. La guerre de Crimée. — La guerre de Crimée fut entreprise pour arrêter les projets menaçants de la Russie contre Constantinople. La France, l'Angleterre et la Turquie unirent leurs forces contre la Russie ; le Piémont se joignit bientôt à cette triple alliance.

La Crimée fut le théâtre principal de la guerre.

4. Victoire de l'Alma. — Nos soldats débarquèrent en Crimée, et après avoir repoussé les Russes au glorieux combat de l'Alma, ils mirent le siège devant Sébastopol.

Mac-Mahon.

5. Siège de Sébastopol. — Sébastopol était l'arsenal de toutes les forces de la Russie dans la mer Noire. Le siège, qui devait durer plus d'un an, est un des plus considérables des temps modernes. La ville fut héroïquement défendue par les Russes. Le général Pélissier livra un assaut général ; Mac-Mahon, le premier, occupa la tour de Malakoff et y resta malgré la grêle des boulets et des obus.

Il planta le drapeau français sur la tour disant : « J'y suis, j'y reste. »

Sébastopol capitula.

6. La paix. — La paix fut signée à Paris. Les Russes s'engageaient à ne plus avoir de vaisseaux de guerre dans la mer Noire ; et ils renonçaient, pour le moment, à menacer Constantinople.

LECTURE. — Français et Russes.

La guerre de Russie a été faite contre le sentiment des Français et des Russes. Elle a été inutile.

Les Français et les Russes se sont toujours estimés, même pendant la guerre. Les officiers, entre deux batailles, se visitaient et échangeaient des témoignages de leur sympathie. Depuis cette époque les deux peuples n'ont cessé de s'entendre ; leur affection mutuelle s'est traduite par une alliance sincère et solide. Aujourd'hui les deux nations, un moment ennemies, sont devenues les deux nations sœurs.

EXERCICES ORAUX ET ÉCRITS

1. Quelle fut l'autorité de Napoléon III? — 2. L'Empire fut-il une époque pacifique? — 3. Qu'est-ce que la guerre de Crimée? — 4. Citez une victoire des Français. — 5. Quel est l'événement le plus important de cette guerre? — 6. Comment se termina-t-elle ?

Gravure. — La prise de Sébastopol.

Explication des mots. — *Constantinople*, capitale de la Turquie — *Arsenal*, place forte et magasin de munitions de guerre.

La bataille de Solférino.

II

LA GUERRE D'ITALIE

LEÇON

1. Napoléon III fit la guerre à l'Autriche pour assurer l'indépendance de l'Italie.

2. Cette guerre fut signalée par les victoires de Magenta et de Solférino (1859).

3. Après la guerre, la France annexa Nice et la Savoie.

4. L'expédition du Mexique aboutit à un désastre.

RÉCIT

1. L'Italie en 1859. — A l'époque de Napoléon III, l'Italie ne formait pas, comme aujourd'hui, un royaume uni. Elle était divisée en plusieurs États : au nord, le royaume de Sardaigne avec le Piémont, la Savoie et le comté de Nice ; au centre, le grand-duc de Toscane et le pape qui possédait les États pontificaux ; au sud, le roi de Naples.

Les Autrichiens possédaient la Lombardie et la Vénétie. Les patriotes italiens voulaient les chasser de la péninsule et faire l'unité du royaume.

2. Alliance de la France et de l'Italie. — Le roi de Sardaigne, Victor-Emmanuel, et son ministre, le comte de Cavour, homme d'État très habile,

123

favorisèrent ces tendances italiennes. Ils recher-
chèrent l'alliance de la France. Napoléon III crut se
rendre populaire en combattant pour l'indépendance
italienne.

3. La guerre d'Italie (1859). — L'armée française franchit les Alpes. Unie aux soldats italiens,

Cavour.

elle battit les Autrichiens aux combats de Montebello
et de Palestro. Mac-Mahon remporta la victoire de
Magenta qui lui valut le titre de maréchal de France
et duc de Magenta.

Une dernière victoire, celle de Solférino, chassa
les Autrichiens de la Lombardie.

4. Nice et la Savoie française (1860). —
L'Autriche demanda la paix. Elle fut signée à Villa-
franca. La Lombardie était cédée à Victor-Emmanuel.

Le roi de Sardaigne, pour reconnaître les services
rendus par la France, nous céda la Savoie et le comté
de Nice.

5. La Cochinchine française. — En même temps, la France faisait de lointaines expéditions pour établir son influence ou pour défendre ses intérêts.

Ainsi l'empereur d'Annam, qui persécutait nos missionnaires, fut obligé de céder la Cochinchine à la France.

6. La guerre du Mexique. — Toutes ces expéditions ne furent pas heureuses. L'expédition du Mexique aboutit à un désastre.

Napoléon III avait voulu imposer au Mexique l'archiduc Maximilien comme empereur. Nos soldats furent vainqueurs à Puebla et à Mexico. Mais, quand ils furent rappelés, le malheureux Maximilien, abandonné à lui-même, fut pris et fusillé par les Mexicains.

LECTURE. — La bataille de Solférino

L'armée française commandée par le général Niel, les maréchaux Canrobert et Mac-Mahon, attaqua avec furie les Autrichiens retranchés sur les hauteurs de Solférino. La bataille commença à six heures du matin. Ce ne fut qu'à deux heures, après une charge admirable, que les voltigeurs de la garde s'emparèrent de la tour de Solférino. Un orage épouvantable empêcha nos soldats de poursuivre les fuyards et épargna aux Autrichiens les désastres d'une déroute.

EXERCICES ORAUX ET ÉCRITS

1. Quel était l'état de l'Italie en 1859? — 2. Pourquoi la France s'allia-t-elle à l'Italie? — 3. Racontez cette guerre. — 4. Comment se termina-t-elle? — 5. Quelle est la colonie française conquise à cette époque? — 6. Comment se termina la guerre du Mexique?

Gravure. — La bataille de Solférino.

Explication des mots. — *Cochinchine*, presqu'île méridionale de l'Asie. La ville principale est Saïgon.

Les cuirassiers de Reichshoffen.

III

LA GUERRE DE PRUSSE

LEÇON

1. La guerre de Prusse, faite sans préparation, a été funeste.
2. Nos soldats, malgré leur héroïsme, furent vaincus à Wissembourg, à Wœrth et à Forbach.
3. Le désastre de Sedan amena la chute de l'Empire.

RÉCIT

1. La Prusse. — La Prusse, gouvernée par un grand roi, Guillaume, et par un habile ministre, M. de Bismarck, cherchait à fonder l'unité de l'Allemagne. Elle prévoyait qu'une guerre avec la France était inévitable et elle s'y était longuement préparée.

La France, au contraire, n'était pas prête. Nos arsenaux étaient vides ; nos soldats étaient courageux mais en trop petit nombre pour riposter aux masses des armées allemandes.

Cette guerre, qui devait nous être si funeste, fut conduite avec un aveuglement coupable.

2. Nos revers. — La campagne s'ouvrit par un léger succès à Sarrebrück. Mais bientôt les défaites se succédèrent avec une rapidité foudroyante. Le maréchal Mac-Mahon, chargé de défendre l'Alsace, fut écrasé à Wœrth, à Frœschwiller et à Reichshoffen. Cette province fut envahie par les Allemands, qui mirent le siège devant Strasbourg.

La Lorraine, à son tour, fut envahie après le désastre du général Frossard à Forbach.

Le maréchal Bazaine se porta en toute hâte sur Metz. Mais, après avoir livré les combats héroïques de Borny, Vionville et Gravelotte, il fut bloqué dans cette ville.

Bismarck.

3. La capitulation de Sedan. — Une nouvelle armée fut alors formée à Châlons, sous le commandement du maréchal Mac-Mahon. Elle devait dégager Bazaine. Mais elle fut écrasée à son tour par des forces supérieures, à la bataille de Sedan. Mac-Mahon, blessé, quitta le commandement. Napoléon III capitula et se rendit prisonnier de guerre avec toute l'armée française (1er septembre 1870).

4. La révolution du 4 septembre. — La nouvelle du désastre de Sedan fit éclater une révolution à Paris. L'empereur fut déclaré déchu, l'impératrice se retira en Belgique. La République fut proclamée, et un nouveau gouvernement fut installé avec le titre de gouvernement de la Défense nationale.

LECTURE. — Les cuirassiers de Reichshoffen.

Pendant la guerre franco-allemande, nos soldats ont été remarquables par leur dévouement et par leur bravoure ; à Sedan, ils se battaient avec une telle furie, que l'empereur Guillaume s'écriait avec admiration : « Oh ! les braves enfants ! »

A Reichshoffen, la charge des cuirassiers restera comme un des faits d'armes les plus glorieux de notre histoire militaire.

L'armée de Mac-Mahon était débordée de toutes parts par les forces allemandes. La retraite était menacée. « C'est alors que le général de Lartigue, qui a déjà épuisé ses réserves d'infanterie, se sert de sa dernière ressource : il appelle la brigade de cuirassiers Michel. Le terrain, coupé de haies, de fossés, couvert de houblonnières, est bien peu favorable. « Mes pauvres cuirassiers ! » dit le général Duhesme en essuyant une larme. Au premier commandement, de toutes ces vaillantes poitrines s'échappe un seul cri, celui de *Vive la France !* et aussitôt cette belle brigade s'avance avec ses cuirasses reluisantes au soleil, va prendre son ordre de bataille sur le plateau. En un clin d'œil, elle se précipite avec la plus impétueuse énergie, balaye les premières pentes, puis elle descend comme un torrent sur Morsbronn, où elle va se faire hacher. » De Mazade.

EXERCICES ORAUX ET ÉCRITS

1. Pourquoi la guerre de Prusse a-t-elle été funeste ? — 2. Quels ont été les revers de la France ? — 3. Racontez la capitulation de Sedan. — 4. Qu'est-ce que la révolution du 4 septembre ?

Gravure. — Les cuirassiers de Reichschoffen.

Explication des mots. — *Capitulation,* reddition d'une place forte ou d'une armée.

Thiers, le libérateur du territoire.

CHAPITRE VIII

LA RÉPUBLIQUE FRANÇAISE

I

LA DÉFENSE NATIONALE

LEÇON

1. Le gouvernement de la Défense nationale organisa la guerre avec énergie.

2. Mais la capitulation de Strasbourg, la trahison de Bazaine à Metz, et la chute de Paris, après une admirable résistance, rendirent inutiles les efforts de nos soldats.

3. L'Assemblée nationale, convoquée au milieu de tous nos désastres, signa la paix de Francfort et céda à l'Allemagne l'Alsace et la Lorraine.

4. Thiers, chef du gouvernement, obtint l'évacuation anticipée du territoire, et il mit fin à la formidable insurrection de la Commune.

RÉCIT

**1. Le gouvernement de la Défense natio-
nale.** — Le gouvernement de la Défense nationale
avait à lutter contre une situation bien difficile. Il
continua, sans ressources suffisantes, une guerre qui
avait été marquée par tant de désastres !

2. Gambetta. — Gambetta, membre du gouvernement, fut délégué en province pour organiser

Gambetta.

la défense. Il fit d'héroïques efforts pour repousser
l'invasion. Avec des soldats mal habillés, mal armés,
à peine commandés, on défendit pied à pied le sol
national. Le général d'Aurelles de Paladines vainquit même les Allemands à Coulmiers, près d'Orléans.

3. Capitulation de Bazaine à Metz. —
Mais bientôt la chute de Strasbourg et la coupable
capitulation de Bazaine, qui livra aux ennemis Metz

et ses héroïques soldats, permirent aux Allemands de diriger toutes leurs forces vers l'intérieur de la France. Paris fut bloqué.

4. La guerre en province. — Trois armées furent rapidement organisées pour débloquer Paris assiégé : l'armée de la Loire, sous le commandement de Chanzy ; l'armée du Nord, sous le commandement de Faidherbe, et l'armée de l'Est, sous le commandement de Bourbaki.

5. Le général Chanzy. — L'armée de la Loire, prête la première, fut arrêtée au glorieux combat de Patay.

Le général Chanzy se replia sur le Mans où il fut écrasé par des forces supérieures.

6. Le général Faidherbe. — Dans le nord, le général Faidherbe avec une armée improvisée, fit des prodiges. Vainqueur aux combats de Pont-Noyelles et de Bapaume, il défendit nos places du nord. Mais la défaite de Saint-Quentin ruina nos dernières espérances.

7. Le général Bourbaki. — Dans l'est, Bourbaki se porta avec cent mille hommes vers l'Alsace, pour débloquer Belfort. Vainqueur à Villersexel, il fut repoussé, après trois jours de combat, entre Héricourt et Montbéliard. L'armée de l'Est chercha un refuge en Suisse par le Jura couvert de neige.

La victoire de Garibaldi à Dijon et la belle défense du colonel Denfert-Rochereau à Belfort ne pouvaient changer l'issue de cette malheureuse campagne.

8. Le siège de Paris. — Cependant Paris, bloqué par les armées allemandes, était admirable de courage et de confiance. Plusieurs tentatives furent faites pour briser le cercle de fer qui l'entourait.

Mais les combats de Champigny, du Bourget, de Buzenval furent sans résultats. Bientôt Paris fut bombardé. La famine commença à faire des ravages dans une population en proie à toutes les souffrances d'un hiver rigoureux. La résistance devenait impossible.

9. Thiers et l'Assemblée nationale. — La paix ne pouvait être signée que par les représentants

Thiers.

autorisés du pays. Les électeurs nommèrent une Assemblée nationale. Celle-ci se réunit à Bordeaux et donna à Thiers le titre de chef du pouvoir exécutif de la République française.

10. Le traité de Francfort. — L'Assemblée eut la douleur de subir les exigences impitoyables des Allemands vainqueurs. Elle dut céder l'Alsace, la Lorraine et payer une indemnité de cinq milliards. Grâce aux efforts patriotiques de Thiers, Belfort nous fut conservé.

11. La Commune. — Une partie de la population de Paris, exaspérée par les souffrances du siège, prit les armes contre le gouvernement. Ce fut l'insurrection de la Commune.

Cette atroce guerre civile fit couler des flots de sang dans Paris.

12. Thiers, libérateur du territoire. — Il semblait que la France, après de si grandes épreuves, n'eût plus qu'à périr. Elle a cependant trouvé, dans la fertilité de son sol et dans le travail de ses habitants, de nouvelles ressources.

La France put ainsi payer aux Prussiens les cinq milliards de sa rançon. Thiers obtint l'évacuation anticipée du territoire.

LECTURES

1. Les Mobiles de la Sarthe.

Les jeunes soldats, les Mobiles comme on les appelait, firent bravement leur devoir.

A la bataille de Coulmiers, les Mobiles de la Sarthe, exposés au feu meutrier de l'artillerie bavaroise, hésitèrent un moment.

« Eh bien ! les Manceaux ! Est-ce que nous allons reculer ? » crie parmi eux d'une voix gaillarde un jeune conscrit. Le mot passe, courageux et gai, dans tout le bataillon ; — les Manceaux ne reculeront pas.

L'un d'eux, volontaire de dix-huit ans, tombe blessé à la jambe. Des hommes veulent l'emporter. « Non, non, dit l'héroïque jeune homme, marchez à l'ennemi, en avant, mes camarades ! »

2. Paris pendant le siège.

Les vivres devenaient rares. Il fallut prendre la mesure nécessaire du rationnement. On ne donna plus que 300 gr. de pain par jour et par tête. Et quel pain, grand Dieu ! On ne mangeait plus que du cheval. Les denrées étaient montées à un prix exorbitant : la livre d'huile coûtait de 6 à 7 francs ; le beurre, de 40 à 50 francs le kilo ; les pommes de terre, 24 francs le boisseau ; un chou était coté 6 francs. Plus de houille, plus de coke, plus de bois, et la gelée sévissait avec intensité.

Paris n'était éclairé qu'au pétrole. Plus de voitures, les Parisiens avaient dévoré les chevaux. Tous les magasins étaient fermés.

La population supporta avec patriotisme les rigueurs de cette longue misère. Les femmes surtout furent admirables. Par ces abominables froids de décembre, elles faisaient la queue toute la journée, chez le boucher, chez le boulanger, chez l'épicier, chez le marchand de bois. Aucune ne murmurait.

3. L'Alsace-Lorraine.

La France ne doit pas oublier les belles provinces que la guerre lui a ravies, l'Alsace et la Lorraine.

Là sont Metz et Strasbourg, ces deux remparts de la France : Metz, la ville imprenable, l'héroïque cité qu'un maréchal de France a livrée aux Prussiens; Strasbourg, la ville patriote, la patrie de Kléber.

La France a perdu avec l'Alsace-Lorraine un million cinq cent mille bons Français; elle a perdu les richesses industrielles de Mulhouse et de Colmar; elle a perdu sa frontière naturelle du Rhin.

EXERCICES ORAUX ET ÉCRITS

1. Que fit le gouvernement de la Défense nationale? — 2. Quel fut le rôle de Gambetta? — 3. Qui capitula à Metz? — 4. Comment fut organisée la guerre en province? — 5. Que fit le général Chanzy? — 6. Le général Faidherbe? — 7. Le général Bourbaki? — 8. Racontez le siège de Paris. — 9. A qui l'Assemblée nationale confia-t-elle le pouvoir? — 10. Quel traité Thiers signa-t-il? — 11. Quelle insurrection vainquit-il? — 12. Comment releva-t-il la France?

Gravure. — Gambetta désigne aux députés de l'Assemblée nationale Thiers comme le libérateur du territoire.

CONCLUSION. — LA FRANCE EN 1871

Après Napoléon Ier, la France avait perdu les conquêtes de la Révolution.

Après Napoléon III, elle perdait les conquêtes de l'ancienne monarchie.

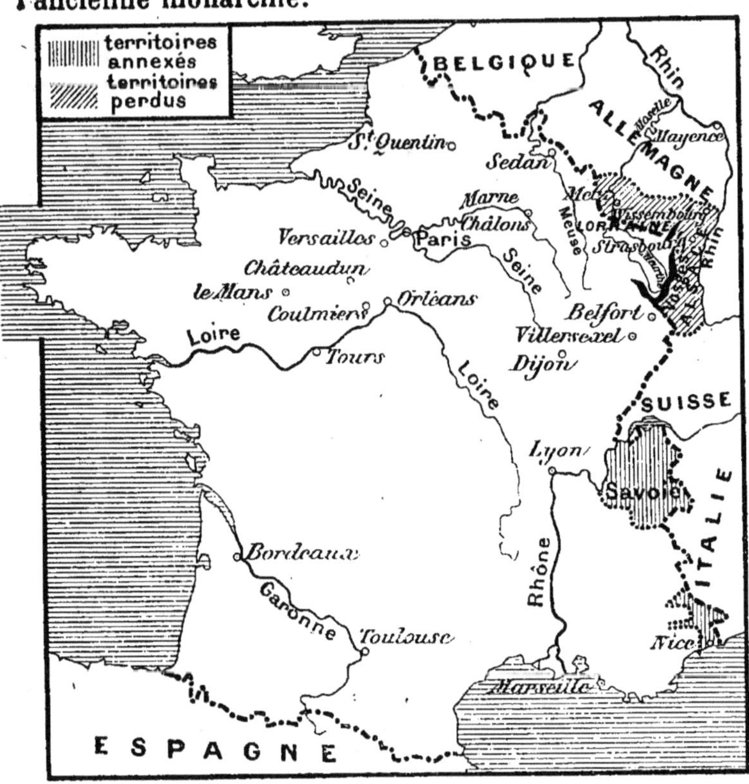

Les frontières de la France en 1815 et en 1871.

L'Alsace était arrachée à la patrie, après le désastre de Sedan.

Et en quel état le second empire laissait la France ! Le territoire envahi et occupé par les Allemands, l'armée prisonnière, nos campagnes ruinées !

La France, perdue par un homme, allait se sauver elle-même. Désormais maîtresse de ses destinées, elle était résolue à ne plus abandonner sa liberté.

Les funérailles du président Carnot.

II

LE GOUVERNEMENT DE LA RÉPUBLIQUE

LEÇON

1. En 1875, l'Assemblée nationale vota la constitution qui fonda le gouvernement légal de la République.

2. Les présidents de la République ont été le maréchal de Mac-Mahon, Jules Grévy, Carnot, Casimir Périer, Félix Faure, Emile Loubet, A. Fallières.

3. Le gouvernement de la République a organisé l'armée nationale; il a répandu l'instruction primaire; il a conclu avec la Russie une solide alliance.

RÉCIT

1. Le gouvernement du maréchal de Mac-Mahon. — Thiers, à la suite d'un dissentiment avec l'Assemblée nationale, donna sa démission. Le pouvoir exécutif fut confié pour sept ans au maréchal de Mac-Mahon.

2. La constitution républicaine. — L'Assemblée vota, le 25 février 1875, une constitution républicaine. Cette constitution donne le pouvoir exécutif à un président élu pour sept ans, et le pouvoir législatif à deux assemblées : la Chambre des députés et le Sénat.

Ainsi la République, qui était le gouvernement de fait depuis le 4 septembre 1870, devenait le gouvernement légal de la France.

3. Les présidents de la République. — Les présidents de la République ont été : le maréchal de Mac-Mahon ; Grévy, ancien président de la Chambre des députés ; Carnot, petit-fils de l'illustre « Organisateur de la victoire » ; Casimir-Périer, petit fils de l'ancien ministre ; Faure, député du Havre ; Loubet et Fallières, anciens présidents du Sénat ; Poincaré, sénateur de la Meuse, a été élu en 1913.

4. L'assassinat de Carnot. — Un de ces présidents, Carnot, a eu une fin tragique. Le 24 juin 1894, il visitait l'exposition de Lyon lorsqu'un misérable le frappa d'un coup de poignard. Il expira quelques heures après. L'assassinat du président provoqua en France une profonde douleur. Des funérailles solennelles furent faites, aux frais de l'Etat, à celui qui avait honoré la République par ses vertus civiques, son désintéressement, son respect de la loi.

5. L'œuvre de la République. — Plusieurs faits marquent l'œuvre intérieure de la République : 1° l'organisation d'une armée nationale ; 2° le développement de l'instruction publique ; 3° les lois ouvrières ; 4° la séparation des Eglises et de l'Etat.

6. L'armée nationale. — Le gouvernement de la République a établi le principe du service militaire obligatoire pour tous les citoyens. Tout Français, à l'âge de vingt ans, doit partir pour l'armée.

7. L'instruction publique. — L'instruction primaire a été rendue gratuite, obligatoire et laïque. Désormais, tous les villages ont leur maison d'école. Ainsi l'instruction a été mise à la portée de tous.

8. Les lois ouvrières. — La République a amélioré le sort des travailleurs. Le travail des enfants dans les usines a été interdit, celui des femmes réglementé. Le repos hebdomadaire a été imposé. Une loi récente a créé une retraite pour les ouvriers des villes et des champs.

9. La séparation des Eglises et de l'Etat. — La République garantit la liberté religieuse à tous les citoyens ; mais, pour assurer l'indépendance du pouvoir civil, elle a séparé les Eglises de l'Etat.

10. L'alliance franco-russe. — L'Allemagne, toujours menaçante, avait formé contre nous une triple alliance avec l'Autriche et l'Italie. De son côté, la France s'est rapprochée de la Russie et a conclu avec elle une alliance solide. Elle a établi des relations d'amitié avec l'Angleterre. Ces trois Etats ont formé entre eux une triple entente.

La triple entente opposée à la triple alliance assure l'équilibre et la paix de l'Europe.

LECTURE. — L'alliance franco-russe.

La France et la Russie étaient unies par une sympathie mutuelle et par la communauté de leurs intérêts. Les visites que les officiers de la marine française et de la marine russe échangèrent dans les ports de Cronstadt et de Toulon rapprochèrent encore les deux nations.

Le tzar Nicolas et l'impératrice de Russie visitèrent la France à deux reprises différentes. Les présidents de la République, Félix Faure, Loubet, Fallières et Poincaré, firent à leur tour le voyage en Russie et ils furent reçus avec les mêmes sentiments de cordiale affection.

L'alliance de la France et de la Russie fut conclue.

EXERCICES ORAUX ET ÉCRITS

1. A qui fut confié le pouvoir après la démission de Thiers? — 2. Qu'est-ce que la constitution républicaine ? — 3. Quels sont les premiers présidents de la République? — 4. Racontez la mort de Carnot. — 5. Quelle est l'œuvre de la République? — 6. Qu'est-ce que l'armée nationale? — 7. Qu'a-t-on fait pour l'instruction du peuple ? — 8. pour l'amélioration du sort des ouvriers ? — 9. Qu'est-ce que la séparation de l'Eglise et de l'Etat ? — 10. Avec quel peuple avons-nous fait alliance ?

Gravure. — Les obsèques du président Carnot à Paris.

Explication des mots. — *Pouvoir législatif*, le pouvoir de faire les lois; *pouvoir exécutif*, le pouvoir de faire exécuter les lois.

Les Français à Madagascar.

III

LA FRANCE COLONIALE

LEÇON

1. La France, qui a conservé la paix en Europe, a développé son empire colonial.

2. En Afrique, elle a placé la Tunisie sous son protectorat et s'est agrandie dans la vallée du Niger.

3. En Asie, elle a occupé le Tonkin; et elle a conquis l'île de Madagascar, dans l'océan Indien.

RÉCIT

1. La France pacifique. — La France a cherché à conserver la paix, si nécessaire après les désastres de la guerre franco-allemande.

Elle a refait ses forces, en se recueillant et en évitant toute complication. Elle ne menace personne ; elle conserve un souvenir fidèle à l'Alsace-Lorraine que la force seule a pu séparer d'elle et elle n'attend que du droit et de la justice les réparations nécessaires.

2. La France coloniale. — Mais si la France a contenu son activité en Europe, elle a donné une nouvelle impulsion aux entreprises lointaines et elle a accru notre empire colonial.

3. La Tunisie. — En 1881, le gouvernement français intervint en Tunisie pour protéger la frontière orientale de l'Algérie contre les incursions des tribus pillardes.

Les principaux faits d'armes de cette expédition furent l'entrée des Français à *Tunis*, le bombardement de *Sfax*, la prise de *Sousse*, de *Gabès* et de *Kairouan*, la ville sainte des Tunisiens. Le bey de Tunis, par le traité du Bardo, accepta le protectorat de la France.

4. Le Maroc. — C'est également pour protéger la frontière occidentale de l'Algérie que la France a fait l'expédition du Maroc. En 1912, elle a imposé son protectorat au sultan de ce pays.

4. La France dans la vallée du Niger. — Dans la vallée du Niger, les Français ont pris possession de la région fertile du Soudan et occupé en 1894 la ville sainte de Tombouctou.

A la même époque, le général Dodds faisait la conquête du Dahomey.

Les expéditions d'un grand voyageur, Savorgnan de Brazza, nous donnaient sans coup férir la plus grande partie du Congo.

Ainsi la France possédait, au centre même de l'Afrique, une importante colonie.

5. La France au Tonkin. — Dans ces dernières années, les Français avaient fait de nombreuses explorations dans l'Indo-Chine. Un de ces hardis explorateurs, le lieutenant Francis Garnier, fut assassiné par les bandes sauvages du Tonkin.

Le gouvernement résolut de le venger. Le commandant Rivière s'empara de *Hanoï*, mais, en pour-

Tirailleur annamite.

suivant les bandes sauvages, connues sous le nom de *Pavillons Noirs*, il tomba dans une embuscade et fut tué (1883).

Une nouvelle expédition, conduite par l'amiral Courbet, enleva la forte place de *Sontay* et fit à la Chine une guerre victorieuse.

En même temps, notre armée achevait la conquête et la soumission du Tonkin.

7. Les Français à Madagascar. — Dans l'océan Indien, l'île de Madagascar a été conquise par nos soldats, commandés par le général Duchesne.

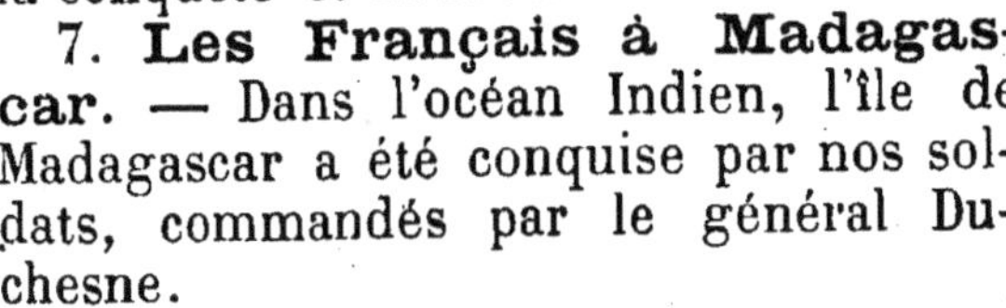

LECTURE. — La conquête de Madagascar.

La grande île de Madagascar était placée depuis plusieurs siècles sous le protectorat de la France. Les habitants de l'île, les Hovas, ayant refusé de reconnaître ce protectorat, une expédition fut résolue.

L'armée française, avec un courage héroïque et malgré tous les obstacles, marcha sur Tananarive, la capitale des Hovas, située au centre de l'île. Elle y entra, sous la conduite du général Duchesne, après plusieurs brillants faits d'armes.

Madagascar est aujourd'hui définitivement soumise à notre autorité.

EXERCICES ORAUX ET ÉCRITS

1. Quelle a été la politique extérieure de la République ? — 2. De quel côté la France a-t-elle porté son activité ? — 3. Racontez la conquête de la Tunisie. — 4. A quel pays a-t-elle imposé son protectorat ? — 5. Dans quel pays du centre de l'Afrique les Français se sont-ils établis ? — 6. Racontez la conquête du Tonkin ; — 7. celle de Madagascar.

Gravure. — Entrée de l'armée française à Tananarive.

Explication des mots. — *Protectorat*, autorité exercée sur un pays.

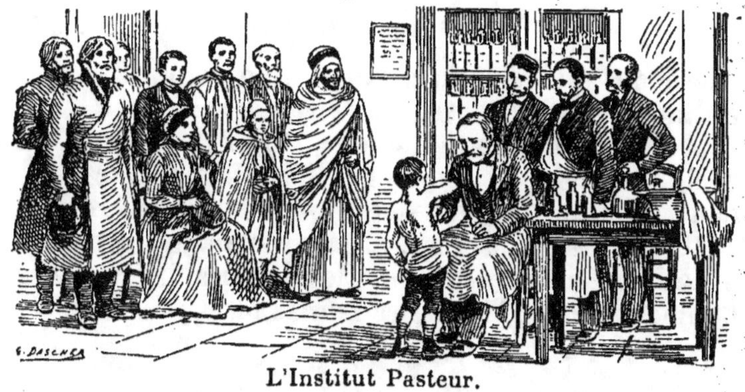

L'Institut Pasteur.

IV

LA FRANCE PACIFIQUE

LEÇON

1. La France a refait sa fortune par le travail.
2. Les sciences ont continué leurs merveilleux progrès. Le nom de Pasteur est connu dans le monde entier.
3. La France peut rivaliser avec les autres nations de l'Europe. Mais elle doit soutenir la lutté avec une énergique persévérance.

RÉCIT

1. Relèvement de la France. — La France a réparé par son travail les ruines laissées par la guerre. Elle a développé son commerce et son indus-trie. L'Exposition universelle de 1889, qui rappelait le centenaire de notre Révolution, et celle de 1900 ont montré tous les progrès accomplis.

2. Les sciences. — Les sciences ont continué leurs merveilleux progrès. Le physiologiste Claude Bernard, le chimiste Berthelot et surtout l'illustre Pasteur ont fait honneur à la science française.

Pasteur, par ses belles découvertes, a permis de

guérir des maladies incurables. Son nom est connu du monde entier.

3. Les lettres. — Victor Hugo, le plus grand poète du siècle, est mort en 1885. Mais à côté de ce nom célèbre, on peut citer des écrivains remarquables : les philosophes Littré, Renan et Taine, les historiens Michelet et Duruy, les auteurs dramatiques Emile Augier et Alexandre Dumas fils.

Victor Hugo.

4. Les arts. — Dans les arts, les sculpteurs Dubois, Falguière, Barrias, Antonin Mercié, les peintres Millet et Bonnat, les musiciens Gounod, Saint-Saëns, Massenet ont produit des œuvres qui resteront.

5. Conclusion. — La France a repris en Europe sa grande situation. Forte de son armée, alliée d'un grand empire, confiante dans son droit, elle peut envisager l'avenir avec confiance.

Mais elle doit lutter avec énergie contre la concurrence des autres peuples qui grandissent et se développent. Elle doit conserver les vertus de notre race :

le courage, l'amour du travail, le sentiment de la justice.

Ayons confiance dans les destinées de notre patrie!

LECTURES

1. L'Institut Pasteur.

Pasteur n'a pas été seulement un des plus grands savants de ce siècle. Il a été un bienfaiteur de l'humanité.

Pasteur.

Une de ses plus belles découvertes lui a permis de guérir cette terrible maladie appelée la rage.

Un institut fondé à Paris, et qui porte le nom d'Institut Pasteur, reçoit du monde entier les malheureux atteints de la rage. La plupart retournent guéris et bénissent le nom de cet illustre Français.

2. Les progrès matériels.

Les découvertes merveilleuses, dues à l'application de la vapeur ou de l'électricité, n'ont pas cessé de se multiplier.

Qui ne connaît les téléphones, la télégraphie sans fil?

L'éclairage électrique remplace peu à peu l'éclairage au gaz, comme celui-ci avait remplacé l'ancien éclairage à l'huile.

La locomotion électrique deviendra peut-être aussi répandue et plus rapide que la locomotion à la vapeur.

Mais la merveille de notre époque a été la découverte de l'aviation. Le génie de l'homme a conquis les airs comme il avait conquis les océans. Les aéroplanes ont franchi la Manche et volé au-dessus des Alpes et des Pyrénées. La France tient le premier rang dans cette industrie nouvelle.

Les industries de toutes sortes ont fait, en même temps que la science et par elle, des progrès étonnants. La grande Exposition universelle de 1900 a été le témoignage le plus éclatant de la puissance de l'industrie humaine.

3. Le sentiment de la justice et de la solidarité.

Les progrès du commerce et de l'industrie, les découvertes de la science ont augmenté les richesses et répandu le bien-être.

Mais bien des misères restent encore à soulager. L'Etat a le devoir d'instruire les ignorants, de secourir les faibles, de venir en aide aux invalides et aux vieillards.

Ce devoir de justice et de solidarité sociale, chacun de nous doit aussi l'accomplir. L'instruction que nous avons reçue, les richesses que nous avons acquises ne nous appartiennent pas comme un bien dont nous puissions jouir d'une manière égoïste, il faut en faire profiter ceux qui n'ont pas été aussi heureux que nous.

EXERCICES ORAUX ET ÉCRITS

1. Comment la France s'est-elle relevée ? — 2. Quels sont les hommes illustres dans les sciences ? — 3. dans les lettres ? — 4. dans les arts ? — 5. Pourquoi faut-il avoir confiance dans les destinées de la patrie ?

Gravure. — Pasteur inocule le vaccin de la rage.

REVISION GÉNÉRALE[1]

La monarchie française.

1. Le cardinal de Richelieu. — La régence de Marie de Médicis, pendant la minorité de Louis XIII, fut une époque de troubles et de désordres. Les ministères de Concini et de Luynes furent impuissants à soumettre les révoltes des grands et des protestants.

Mais Richelieu (1624-1642), ministre de Louis XIII, sut, par sa fermeté, rétablir l'ordre à l'intérieur et relever la France à l'extérieur. Il vainquit les protestants à La Rochelle et fit condamner à mort les seigneurs qui se révoltèrent.

2. La guerre de Trente ans. — Richelieu, héritier de la politique de François Ier et de Henri IV, recommença la guerre contre la maison d'Autriche.

Les victoires de Condé à Rocroy et à Lens et les belles campagnes de Turenne forcèrent l'Autriche à signer la paix.

Par les traités de Westphalie, la France annexait l'Alsace (1648).

3. Le cardinal Mazarin et la Fronde. — A la mort de Louis XIII, Louis XIV, âgé de cinq ans, régna sous la régence de sa mère, Anne d'Autriche. Celle-ci prit pour ministre le cardinal Mazarin.

Par son habileté, Mazarin triompha de la Fronde, guerre civile soulevée par les magistrats du parlement et par les grands contre l'autorité royale.

Il termina heureusement la guerre d'Espagne par les traités des Pyrénées.

---

1. Le mois de juillet doit être consacré à la revision générale.

Le siècle de Louis XIV.

1. Louis XIV et Colbert. — En 1661, à la mort de Mazarin, Louis XIV prit la direction des affaires. Il sut s'entourer de bons ministres, tels que Colbert et Louvois.

Colbert administra avec intelligence et économie les finances, protégea l'agriculture, développa l'industrie et le commerce. Il fut le véritable ministre de la paix.

Louvois fut le ministre de la guerre. Il donna à la France une armée redoutable.

Vauban éleva les forteresses du royaume.

2. Victoires et conquêtes. — Louis XIV (1661) fit, dans la première partie de son règne, de grandes choses. L'armée, commandée par des généraux tels que Turenne et Condé, remporta d'éclatantes victoires. Louis XIV conquit la Flandre et la Franche-Comté par les traités d'Aix-la-Chapelle et de Nimègue.

3. Les fautes et les revers. — La seconde partie du règne fut attristée par des revers. Le roi commit des fautes graves : il révoqua l'édit de Nantes ; il fit des guerres injustes ou inutiles (guerre de la ligue d'Augsbourg et guerre de la succession d'Espagne). La France fut souvent vaincue.

Villars sauva la France par la victoire de Denain qui fit conclure la paix à Utrecht.

Louis XIV laissait la France agrandie, mais épuisée.

4. Les écrivains et les artistes. — Le siècle de Louis XIV est une des plus grandes époques littéraires de l'humanité.

Descartes, Pascal et Corneille illustrèrent les ministères de Richelieu et de Mazarin. Sous Louis XIV, Molière, La Fontaine, Racine, Boileau produisirent leurs chefs-d'œuvre.

Parmi les écrivains en prose, les plus grands furent Fénelon, Bossuet, La Bruyère, Saint-Simon.

Les sciences firent de grands progrès avec Descartes et Pascal.

La peinture fut illustrée par Lesueur, Poussin, Claude Lorrain ; la sculpture, par Coysevox et les frères Coustou ; l'architecture par Mansard et Perrault.

Le dix-huitième siècle.

1. Louis XV et le duc d'Orléans. — Pendant la minorité de Louis XV, successeur de Louis XIV, le duc d'Orléans exerça la régence. Son principal ministre fut l'abbé Dubois.

Le duc d'Orléans fit une guerre funeste à l'Espagne; il essaya de relever les finances de l'Etat; mais la banque fondée par l'Ecossais Law fit banqueroute.

Le duc de Bourbon, son successeur, fit la guerre de la succession de Pologne. Le cardinal Fleury termina cette guerre par le traité de Vienne qui donna la Lorraine à la France.

2. Louis XV et Frédéric II. — Louis XV fit deux grandes guerres : celle de la succession d'Autriche, et celle de Sept ans. La première, malgré la victoire de Fontenoy, aboutit au traité d'Aix-la-Chapelle.

La seconde, marquée par la défaite de Rosbach (1757), nous fit perdre, par le traité de Paris, toutes nos colonies (1763).

3. Louis XV et les colonies françaises. — La France avait fondé avec Dupleix un vaste empire colonial dans l'Inde. Louis XV ne sut pas le conserver.

Attaquée par l'Angleterre pendant qu'elle faisait la guerre à la Prusse, la France, vaincue sur mer, perdit, par le traité de Paris, l'Inde et le Canada.

Le ministre Choiseul essaya de réparer cette perte. Il annexa la Lorraine et la Corse.

Voltaire, Rousseau et Montesquieu furent les plus célèbres écrivains de ce siècle.

4. Louis XVI et Turgot. — Louis XVI (1774) vit le mal, mais n'eut pas la force de le guérir. Après les ministères réformateurs de Turgot et de Necker, le gouvernement fut de nouveau livré à des courtisans, Calonne et Brienne.

Aussi, Louis XVI fut obligé de faire appel à la nation. Les états généraux, instruits par l'expérience et par la guerre de l'indépendance américaine, qui avait donné le goût de la liberté, allaient faire la Révolution de 1789.

La Révolution.

1. L'Assemblée constituante. — Les états généraux réunis à Versailles, le 5 mai 1789, prirent, après le serment du Jeu de paume, le nom d'Assemblée nationale constituante. Le 14 juillet 1789, le peuple s'empara de la Bastille ; dans la nuit du 4 août, l'Assemblée abolit les privilèges féodaux.

Après l'émeute du 6 octobre, le roi et l'Assemblée siégèrent à Paris ; le 14 juillet 1790, on célébra pour la première fois la fête nationale de la Fédération. Le roi, après avoir essayé de fuir à l'étranger, jura fidélité à la constitution.

2. L'Assemblée législative. — L'Assemblée législative ne dura qu'un an. Elle lutta avec énergie contre les ennemis de la Révolution.

La guerre eut des contre-coups terribles sur l'histoire intérieure. Elle provoqua la journée du 20 juin et la chute de la royauté dans la célèbre journée du 10 août.

L'Assemblée se sépara le jour même où Dumouriez sauva la France par la victoire de Valmy (20 septembre 1792).

3. La Convention. — La Convention abolit la royauté, condamna à mort Louis XVI, opposa aux révoltes de l'intérieur le régime de la Terreur, et à la coalition européenne la levée en masse. Victorieuse à Jemmapes et à Fleurus, la France républicaine signa les traités de Bâle.

4. Le Directoire. — Pendant que le Directoire se débat contre les difficultés financières et les troubles politiques, Bonaparte fait la glorieuse campagne d'Italie, signe le traité de Campo-Formio (1797), et, à son retour de l'expédition d'Egypte, renverse le Directoire par le coup d'Etat du 18 brumaire.

Le Consulat et l'Empire.

1. Le Consulat. — Bonaparte, consul, réorganise l'administration, fonde les grandes institutions du Code civil, du Concordat, de la Légion d'honneur, remporte la victoire de Marengo (1800), et impose à l'Autriche le traité de Lunéville et à l'Angleterre la paix d'Amiens (1802).

2. Victoires de l'Empire. — L'Empire, créé par Napoléon Ier, n'est qu'une longue lutte contre l'Europe. L'Autriche, vaincue à Austerlitz (1805), signe la paix de Presbourg. La Prusse est vaincue à Iéna (1806); la Russie, à Eylau et à Friedland, signe la paix de Tilsitt (1807). Enfin l'Autriche, une seconde fois vaincue à Wagram, signe la paix de Vienne (1809). C'est l'époque la plus glorieuse de l'Empire.

3. Les fautes de l'Empire. — Mais les fautes amènent les revers. La guerre d'Espagne et l'expédition de Russie sont désastreuses. L'Europe tout entière se lève contre la France, qui est vaincue à Leipzig (1813), et qui voit son territoire envahi.

4. La chute de l'Empire. — Napoléon, malgré sa belle défense dans la campagne de France, est forcé d'abdiquer.

Louis XVIII restaure la royauté des Bourbons. Mais les imprudences des royalistes ramènent Napoléon Ier de l'île d'Elbe. La défaite de Waterloo (1815) met fin à l'Empire et démembre notre territoire.

La restauration de la monarchie.

1. La Restauration. — La Restauration comprend les deux règnes de Louis XVIII et de Charles X.

Le règne de Louis XVIII fut d'abord marqué par une violente réaction royaliste (la Terreur blanche, mort du maréchal Ney), puis par une politique plus libérale des ministres Richelieu et Decazes. La réaction recommença sous le ministère de Villèle, après l'assassinat du duc de Berry.

Charles X continua la politique ultra-royaliste de Villèle, écouta un moment les sages conseils d'un ministre libéral, Martignac, puis revint à la politique autoritaire avec le ministère de Polignac dont les ordonnances provoquèrent la révolution de juillet 1830 et la chute définitive des Bourbons.

2. Le règne de Louis-Philippe. — La monarchie de Juillet comprend le règne de Louis-Philippe Ier. L'ancien duc d'Orléans, proclamé roi après la révolution de Juillet, fut secondé par le ministère ferme et libéral de Casimir Périer, puis par Thiers et Guizot qui dirigèrent successivement les affaires.

La France intervint en Belgique pour faire reconnaître l'indépendance de ce pays, et elle fit la conquête de l'Algérie. Le ministère de Guizot, de 1840 à 1848, fut une période de paix à l'intérieur et à l'extérieur. Mais ce ministre, n'ayant pas voulu faire la réforme électorale, fut renversé par la révolution de février 1848 qui amena la chute de la monarchie.

3. Les Français en Algérie. — La conquête de l'Algérie, commencée sous le règne de Charles X, a été continuée sous le règne de Louis-Philippe.

Le plus redoutable ennemi de la France fut Abd-el-Kader.

Notre armée, commandée par de vaillants généraux, tels que le maréchal Bugeaud et le duc d'Aumale, s'empara de Constantine, vainquit Abd-el-Kader au combat de l'Isly et le força à se rendre.

4. La révolution de 1848. — Le gouvernement provisoire, installé après la révolution, proclama la République et décréta le suffrage universel.

L'Assemblée constituante lutta contre la terrible insurrection de juin, qui fut vaincue par le général Cavaignac. Les élections appelèrent à la présidence de la République Louis-Napoléon Bonaparte. Celui-ci entra en lutte avec l'Assemblée législative qui fut dissoute par le coup d'Etat du 2 décembre 1851. L'année suivante, l'Empire était rétabli (1852).

Le second Empire.

1. La guerre de Crimée. — Sous le second Empire les guerres ont été fréquentes. La première fut la guerre de Crimée.

Nos soldats, vainqueurs au combat de l'Alma, s'emparèrent de Sébastopol (1856).

2. La guerre d'Italie. — Napoléon III fit la guerre à l'Autriche pour assurer l'indépendance de l'Italie.

Cette guerre fut signalée par les victoires de Magenta et de Solférino (1859).

La France, après la guerre, annexa Nice et la Savoie.

3. La guerre de Prusse. — La guerre de Prusse, faite sans préparation, a été funeste.

Le désastre de Sedan amena la chute de l'Empire (1870).

La République française.

1. La Défense nationale. — Le gouvernement de la Défense nationale, malgré l'héroïsme de nos soldats, ne put ramener la victoire.

Strasbourg capitula ; Bazaine livra Metz ; Paris succomba. La France perdit l'Alsace et la Lorraine.

Le gouvernement de la République. — L'Assemblée Nationale vota la Constitution qui fonda le gouvernement de la République.

La République a organisé l'armée nationale ; elle a répandu l'instruction publique ; elle a conclu une solide alliance avec la Russie.

3. La France coloniale. — La France a développé son empire colonial.

Elle a imposé son protectorat à la Tunisie et au Maroc ; elle a occupé la plus grande partie

Poincaré, président de la République française, 1913.

du Niger ; enfin, elle a soumis le Tonkin et l'île de Madagascar.

4. La France pacifique. — La France a refait sa fortune dans la paix et par le travail.

Elle peut avoir confiance dans l'avenir !

TABLEAU CHRONOLOGIQUE
DES PRINCIPAUX ÉVÉNEMENTS

**Branche des Capétiens Bourbons.
1589-1792.**

1589   *Henri IV*, roi. — Bataille d'Arques.
1590   Bataille d'Ivry. — Siège de Paris.
1593   Abjuration du roi.
1594   Entrée du roi à Paris.
1598   Edit de Nantes et paix de Vervins.
1610   Assassinat de Henri IV.
1610   *Louis XIII*, roi.
1614   Etats généraux de Paris.
1624   Ministère de Richelieu.
1627   Siège de La Rochelle.
1639   Conquête de l'Alsace.
1642   Mort de Richelieu.
1643   *Louis XIV*, roi.
1643   Régence d'Anne d'Autriche et ministère de Mazarin.
1643   Victoire de Rocroi.
1648   Bataille de Lens. — Traités de Westphalie.
1652   Fin de la Fronde.
1659   Traité des Pyrénées.
1661   Mort de Mazarin.
1667   Guerre de Flandre.
1668   Traité d'Aix-la-Chapelle.
1672   Guerre de Hollande.
1674   Bataille de Senef.
1675   Mort de Turenne.
1678   Paix de Nimègue. — Acquisition de la Franche-Comté.
1685   Révocation de l'édit de Nantes.
1688   Guerre de la ligue d'Augsbourg.
1692   Bataille navale de la Hougue.
1697   Traité de Ryswick.
1700   Guerre de la succession d'Espagne.

1706   Défaites de Ramillies et de Turin.
1709   Hiver cruel et misère de la France.
1712   Victoire de Villars à Denain.
1713   Traités d'Utrecht.
1715   *Louis XV*, roi. — Régence du duc d'Orléans.
1716   Système Law.
1723   Ministère du duc de Bourbon.
1726   Ministère de Fleury.
1745   Victoire de Fontenoy.
1748   Traité d'Aix-la-Chapelle.
1756   Guerre de Sept ans.
1757   Défaite de Rosbach.
1763   Traité de Paris. — Perte des colonies françaises.
1766   Réunion de la Lorraine à la France.
1769   Annexion de la Corse.
1774   *Louis XVI*, roi.
1774   Ministère de Turgot.
1776   Ministère de Necker.
1789   Etats généraux. — Révolution française. — *Assemblée constituante.* — 20 juin. Serment du Jeu de paume.
1789   14 Juillet. Prise de la Bastille. — 4 août. Abolition des privilèges.
1790   Fête de la Fédération.
1791   Assemblée législative.
1792   Journée du 20 juin, — du 10 août.
1792   Victoire de Valmy. — Abolition de la royauté.

République française. 22 septembre 1792-1804.

1792   *La Convention.* — Proclamation de la République, Victoire de Jemmapes.

1793   Mort de Louis XVI. — La Terreur.
1794   Victoire de Fleurus.
1795   Conquête de la Belgique.
1795   *Le Directoire*.
1796   Campagne de Bonaparte en Italie.
1797   Glorieux traité de Campo-Formio.
1798   Expédition de Bonaparte en Egypte.
1799   Le Consulat.
1800   Victoire de Marengo.
1801   Paix de Lunéville.
1802   Paix d'Amiens.

Empire, 1804-1815.

1804   Napoléon Ier, empereur.
1805   Ulm, Austerlitz, Trafalgar, traité de Presbourg.
1806   Iéna. — Décret de blocus continental.
1807   Eylau et Friedland. — Traité de Tilsitt.
1808   Guerre d'Espagne.
1809   Cinquième coalition. — Wagram. — Traité de Vienne.
1810   Mariage de Napoléon et de Marie-Louise.
1812   Campagne de Russie.
1813   Sixième coalition. — Leipzig.
1814   Campagne de France. — Abdication de Napoléon. — Restauration des Bourbons.
1815   Retour de l'île d'Elbe. — Waterloo. — Sainte-Hélène.

Restauration de la branche des Capétiens Bourbons. 1815-1830.

1815   *Louis XVIII*, roi.
1818   Evacuation du territoire par les étrangers.
1820   Assassinat du duc de Berry.
1824   *Charles X*, roi.
1827   Affranchissement de la Grèce.
1830   Prise d'Alger. — Révolution de Juillet.

Branche des Orléans. 1830-1848.

1830   *Louis-Philippe Ier*, roi.
1831   Ministère de Casimir Périer.
1840   Ministère de Guizot.
1842   Mort du duc d'Orléans.
1848   Soumission d'Abd-el-Kader.

République française. 1848-1852.

1848   Le suffrage universel et la République française.
1848   Présidence de Louis-Napoléon.
1851   Coup d'Etat du 2 décembre.

Empire français. 1852-1870.

1852   *Napoléon III*, empereur.
1854   Guerre de Crimée.
1859   Guerre d'Italie.
1860   Guerre du Mexique.
1870   Guerre de Prusse. — Défaite de Sedan.
1870   Gouvernement de la Défense nationale. — Invasion du territoire.

République française. 1870.

1871   Traité de paix avec les Allemands. — Insurrection de la Commune. — Gouvernement de Thiers.
1872   Thiers, président de la République. Evacuation du territoire.
1873   Thiers est remplacé par le maréchal de Mac-Mahon.
1875   Constitution républicaine.
1878   Exposition universelle.
1879   Jules Grévy, président de la République.
1881   Conquête de la Tunisie.
1883   Expédition du Tonkin.
1887   Carnot, président.
1889   Exposition universelle.
1894   Assassinat de Carnot. — Casimir Périer, président.
1895   Félix Faure, président.
1896   Conquête de Madagascar.
1897   Alliance franco-russe.
1899   Emile Loubet, président.
1900   Exposition universelle.
1906   A. Fallières, président.
1912   Protectorat du Maroc.
1913   Poincaré, président.

TABLE DES MATIÈRES

Chapitre VII. — **Le second Empire.**

Chapitre VIII. — **La République française.**

SAINT-CLOUD. — IMPRIMERIE BELIN FRÈRES